文庫増補版　主権なき平和国家

地位協定の国際比較からみる日本の姿

伊勢﨑賢治
布施祐仁

集英社文庫

まえがき

伊勢﨑賢治

筆者（伊勢﨑）が生まれ育った東京の立川（たちかわ）は、かつては米軍基地の町でした。住んでいたのは、米軍基地に薄いフェンスひとつで隣接する都営アパートです。最上階の五階にあった僕の家のベランダから一望できたのは、まさにアメリカ。「外人ハウス」と呼ばれる米兵たちの一戸建て住宅がならぶ居住区で、天気のいい日などにはその広々とした庭でバーベキューなんかやっている。その周りで、見たこともない遊具で遊ぶ子どもたち。

そのフェンスのこちら側の僕たちは、三畳＋四畳半＋トイレ、フロ無しの母子住宅で、僕の遊び仲間には米兵と日本人との間に生まれた二世が何人もいました。

ここは立川でも、〝砂川（すながわ）〟です。米軍基地の拡張計画に住民が反対した「砂川闘争」で有名なところです。反対派住民と警察隊の大規模な衝突があったのは、僕が生まれる直前（一九五七年）まででしたが、運動や裁判はずっと続いていました。

当時の僕はというと、旧友も含めてそんな運動はまったく意識の外で、フェンス越しに友達になった米兵家族の悪ガキたちとツルんで、「米領」に侵入し、無修正のポルノ雑誌を漁って「日本領」に持ち帰って小遣い稼ぎをしたりしていました。先輩たちは、ベトナム戦争で戦死して空輸されてきた米兵の死体洗い。当時の日本の物価水準では破格のバイト料のおこぼれに与っていたり。

米軍基地は、騒音が深夜までひどく、時々、軍用機がオーバーランして農家に突っ込むこともありました。事故にあった直後の級友宅へ行った時、自分の背丈以上にえぐれ盛り上がった土塊に圧倒された記憶が残っています。

反面、毎年恒例の「基地開き」は、基地の町のガキどもにとって、今のディズニーランド級の楽しみでした。器具を身につけて単にロープを滑り降りるだけの模擬パラシュート降下のアトラクションでは、着地点でデカい米兵が受け止めてくれました。父親に飢えていたからでしょうか、その時の恍惚感は今でも忘れられません。

こんなふうに基地の町のガキの僕にとってのアメリカは、ちょっと猥雑な古きよき思い出です。

そうこうしているうちに日本政府は拡張計画を断念、一九七七年には米軍基地が全面返還となりました。その跡地が今の巨大な「国営昭和記念公園」です。

こう見ると、砂川闘争は住民運動の勝利みたいに思えますし、事実、東京に点在していた米軍施設は次々に返還されていきました。現在、僕が教鞭（きょうべん）を執る東京外国語大学の府中キャンパスも、米軍調布基地（通称、関東村）の跡地です。結局は、遠く離れた沖縄にしわ寄せがいっていただけなのですが、東京在住のふつうの若者であった僕の脳裏からは米軍の存在はフェイドアウトしてゆきました。依然、広大な横田基地があっても、本書で扱う「横田空域」が頭の上にあっても、米軍とは、「そこにあると知っていても意識しない存在」になっていくのです。無論、「地位協定」も、です。

時を経て、二〇〇二年。突然、米軍は、僕のすべてを支配する存在になります。二〇〇一年九月一一日の同時多発テロは、ビンラディン率いる国際テロ組織アルカイダが引き起こしたものでしたが、彼を匿（かくま）っていたということでアメリカの報復攻撃（現代の開戦法規とも言える国連憲章第五一条で認められた個別的自衛権を根拠として）の対象になったのが、当時のアフガニスタンのタリバン政権でした。

そしてそのタリバン政権を倒した後、米軍による「占領統治」に協力すべく、僕は、当時の自由民主党小泉政権の命を受けて日本政府の特別顧問としてアフガニスタンに赴くことになったのです。

米軍の支援を受けてタリバンと地上戦を戦ったアフガン人の軍閥をうまく一つにまと

め、民主国家として統一するのが、その「占領統治」の目的です。つまり、ハミッド・カルザイを暫定大統領とした傀儡政権（面識のある彼の手前あまり使いたくない言葉ですが、その通りなので）を樹立するのです。

しかし、タリバンをやっつけた功労者である軍閥は九つもあり、心配されていた通りタリバン政権崩壊後、誰が政権を握るかで仲間割れし内戦化していったのです。そこで、敵対する軍閥の間に割って入り和解させ、彼らが保有する戦車、大砲を含むすべての武器を、新政府の新しい国軍に移管することが最重要任務と認識され、それを日本政府が担うことになったのです。

任務は完了しましたが、タリバンは力を温存し、そして復活。戦闘は拡大を続け、タリバンの実効支配がアフガニスタンを侵食してゆきます。一方で、アフガニスタンで始まった「テロとの戦い」は国外にもどんどん拡大し、「イスラム国（ＩＳ）」を生み、「ホームグロウン・テロリズム」（過激思想に共鳴した者が自分が生まれ育った自国内で起こすテロ）へと、世界を侵食するものになっています。

アフガニスタンでの戦争は、アメリカの戦争としては建国史上最長のものになりました。二〇〇一年以来、一三年間を経た二〇一四年末に米・ＮＡＴＯ（北大西洋条約機構）軍は、軍事的勝利を挙げられないまま主力戦力を撤退せざるをえなくなり、その後の「テロとの戦い」の主力はアフガン政府、僕たちが手塩にかけて創設したアフガン国軍にバトンタッチされることになりました。

つまり、傀儡政権があっても米・ＮＡＴＯ軍が主力戦力としてテロリストと戦う「戦時」から、アフガン国軍を主力とする「準戦時」への移行です。戦力の「主体」の移行。それによって自動的に確立するアフガニスタンの「軍事の主権」の誕生です。

この移行後にも、米・ＮＡＴＯ軍はアフガン国軍への訓練、そしてドローンを中心とする空軍力の温存のために小規模の部隊を駐留させるのですが、その時にアフガン社会を揺るがしたのが「地位協定」の締結問題だったのです。

「戦時」には、米・ＮＡＴＯ軍は戦争の「主体」だということで、誤爆、一般家屋への強制捜索や拘束と、もう本当にひどいことをやっていたのです。テロリストをやっつけてくれているという理由で、アフガン人は米軍に感謝しなければならないとはいえ、その敵はアフガン人社会を住処（すみか）としているのです。度重なる誤爆、誤射による二次被害で、民衆は、どうにもならない怒りに苛（さいな）まれていたのです。

それが、米・ＮＡＴＯ軍が「主体」でなくなり、アフガニスタンの「軍事の主権」が確立されると、地位協定の交渉が、アフガン政府とアメリカの間で始まります。

ちなみに、アフガニスタンでは、いわゆる「米軍出ていけ」運動は、あっても非常に小さいものです。やはり、米軍なしではテロリストとは戦えないという意識が、その真偽はどうあれ、広く共有されていました。しかし、積年の怒りと恨みでしょうか、米軍が引き起こす事故、事件に対して、アフガニスタンの「主権」はどうするのか、という関心が国民の間に共有されていました。

二〇一四年末の米・NATO軍主力戦力撤退が決定されるその一年ほど前から、アフガン議会でも地位協定の内容が盛んに審議され、逐次、現地新聞も報道しました。国際メディアもそうです。

僕も、この「テロとの戦い」の黎明期に深く関わり、その後も戦況の閉塞を打破するために試行錯誤され始めたタリバンとの政治的な和解工作にも関わった手前、注意深く見守っていました。

そこに見えたのは、「気を遣うアメリカ」だったのです。

アフガニスタンの世論を慮り、「裁判権」と「基地の管理権」、そして近年のアメリカの戦争の民営化政策で戦場を支配しつつある「業者」への特権について、「譲歩するアメリカ」です。

で、思ったんです。日本はどうなの？　と。

同じく、同時期にアメリカの戦場だったイラクとアメリカの地位協定――第一章で見るように二回目の交渉で決裂しましたが――も追ってゆくと、その思いは決定的になりました。

日本は、「戦時」でもなく、アフガニスタンのように「準戦時」でもなく、自衛隊という世界五指に入る優良な通常戦力を持ち、完全な主権が確立した「平時」なのに、何かがおかしい、と。

そして、同じ「平時」の地位協定であるNATO加盟国同士の地位協定、その中でも特に、日本のように敗戦国であるドイツ、イタリアの地位協定、さらに、アメリカと二国間のものでも「平時」のフィリピンの地位協定、これらと比較したくなったのです。

僕は、いわゆる「右」でも「左」でもありませんが、こうやってアメリカが締結する地位協定の国際比較をすると、日本人として単純にある思いに囚われるのです。

主権なき平和が、日本の平和なのか、と——。

本書は、共著者の布施祐仁氏が長時間にわたって僕にインタビューしたものを彼が書き起こし、そして彼独自の緻密な歴史的文献そして海外文献への調査を加え、そこに僕が確認の加筆をするといったプロセスでまとめたものです。それぞれの経験や調査に基づくものや、それぞれの異なる意見については、「筆者（布施／伊勢﨑）」と記していま
す。

地位協定とは、ある主権国家の中になんらかの事情で異国の軍隊が駐留するという〝異常事態〟を制度化するものです。どんな主権国家にも、その規模に相違はあれ、自らを護（まも）る軍事力と呼べるものがあるはずですから、なぜその異国の軍の駐留が必要なのかという根源的な問題が常につきまといます。つまり、異国の軍隊と、それを受け入れる主権国家の軍事力との関係です。日本の場合は、米軍と自衛隊です。

自衛隊はどうあるべきか。もしくは、その〝地位〟に関して物議となる日本国憲法九条をどうするかということについて、布施氏と僕とは、必ずしも、意見が一致しているわけではありません。この本をまとめるにあたって極めて密度の高い討論が僕たち二人の間で行われましたが、お互いの信念は、それぞれ不変のままです。

ただ、日米地位協定の議論なしには何もはじまらない。この一点の思いは共著を企画する当初の動機であり、そして、それは執筆を進めるにつれさらに大きくなり、本書が成就することとなりました。

なお、地位協定に関連する条文などの英語原文の翻訳は、すでに和訳文があるものについては参考にさせていただき、僕が監修しました。

文庫化にあたって

布施祐仁

単行本の『主権なき平和国家　地位協定の国際比較からみる日本の姿』が刊行されてから早四年が経ちました。

残念ながら、日米地位協定は四年前と何も変わっていません。

しかし、この本には多くの反響がありました。

野党だけでなく与党の政治家からも反応がありましたし、この本を国会での質問に活用してくれた国会議員もいました。

なかでも嬉しかったのは、沖縄県の翁長雄志知事（当時）が熱心にこの本を読んでくださったと人づてに聞いたことでした。翁長知事は、一七年ぶりに沖縄県独自の日米地位協定改定案を策定するなど、日米地位協定の問題に精力的に取り組んでおられました。

単行本刊行の約一カ月後、沖縄県は地位協定の国際比較に関する調査を独自に行うと発表しました。

二〇一八年二月には県の職員をドイツとイタリアに派遣して現地調査を行い、同年三月にその成果を「中間報告書」にまとめて発表しました。

これには、私も初めて知る情報がたくさんありました。たとえばドイツでは、米軍基地が所在する地方自治体の当局がいつでも基地に立ち入れるように、あらかじめ「年間パス」が発給されているそうです。ドイツの地位協定（NATO地位協定の「ボン補足協定」）では、ドイツ側当局の基地への立ち入り権限が保証されていることは知っていましたが、まさか「年間パス」まで発給されているとは想像していませんでした。米軍の同意がなければ基地に立ち入ることができない日本との「格差」を際立たせる事例です。

沖縄県は調査を開始するに当たり、本書の共著者である伊勢崎賢治氏からもヒアリングを行っています。「中間報告書」には、本書も参考文献に挙げられており、僅かながらも役に立てたことをうれしく思いました。

沖縄県の独自調査の効果は絶大でした。

同年七月二七日に札幌市で開かれた全国知事会議で、日米地位協定の抜本的な見直しなどを求める提言書が全会一致で採択されたのです。

この提言書は、それまで六回にわたり開かれた「米軍基地負担に関する研究会」での議論を踏まえて作成されました。研究会は、日米地位協定の改定を求める沖縄県の意見だけでなく、改定に否定的な日本政府（外務省日米地位協定室長）の意見も聴取しました。

それでも最終的に、「（日米地位協定は）運用改善が図られているものの、国内法の適用や自治体の基地立入権がないなど、我が国にとって、依然として十分とは言えない現況である」（提言書）と結論付けたのは、独自調査に裏付けられた沖縄県の主張の方がまさったということでしょう。

全国知事会には全四七都道府県の知事が参加しており、自民党の推薦を受けて当選した知事も少なくありません。思想信条の違いや米軍基地のあるなしに関係なく、四七都道府県の知事が一致して日米地位協定の抜本的な見直しを求めた意味は非常に重いと思います。

沖縄県の努力が実を結んだ全国知事会での提言書採択でしたが、その日、沖縄県の翁長知事の姿はありませんでした。

翁長氏はこの年の五月、膵臓癌（すいぞうがん）の摘出手術を受けたことを公表していました。六月二三日の「慰霊の日」（沖縄戦の組織的戦闘が終結した日）の追悼式に姿を見せた時には、体はやせ細り、歩くのも苦しそうでした。本人は伏せていましたが、癌はすでに肝臓にも転移し、翁長氏の肉体を蝕（むしば）んでいたのです。

札幌で全国知事会議が開かれたのは、それから一カ月後。翁長氏に、沖縄から北海道まで飛ぶ体力はもう残っていませんでした。全国知事会が全会一致で日米地位協定の抜本的な見直しを要求するという画期的な瞬間に立ち会うことができず、翁長氏はさぞかし無念だったと思います。

この日、翁長氏は癌の痛みに耐えながら、最後の力を振り絞るようにして沖縄県庁で重要な会見に臨んでいました。

名護市辺野古への米軍新基地建設計画に関連して、仲井眞弘多前知事が二〇一三年一二月に行った埋め立て承認を撤回することを発表したのです。

この会見で翁長氏は、日本という国の本質を鋭く射貫く言葉を残しています。

「今の日本の米国に対しての従属は、日本国憲法の上に日米地位協定があって、国会の上に日米合同委員会がある。この二つの状況の中で日本はアメリカに対して何も言えない状況がある」

これこそ、まさに、私たちが『主権なき平和国家』で明らかにしようとした「日本の姿」そのものです。

この会見から一二日後の八月八日、翁長氏は入院していた浦添市内の病院で亡くなりました。まだ六七歳でした。

全四七都道府県の知事が全会一致で日米地位協定の抜本的な見直しを求めたにもかかわらず、今のところ日本政府がその実現に向けて動く気配はありません。

しかし、沖縄県の努力もあり、日米地位協定の異常さを認識する日本人は確実に増えています。これをさらに増やして、日米地位協定の抜本改定を実現し、日本を主権なき「平和国家」から主権を確立した真の平和国家へとつくり変えること――それが、志半ばで病に倒れた翁長氏の遺志を継ぐことにもなると思っています。このたび文庫化された本書がその一助となれば何よりです。

単行本の刊行から四年のあいだにも、日米地位協定に関係する事件・事故がたくさんありました。沖縄県の独自調査で初めて明らかになったこともあります。文庫化にあたっては、こうした新しい情報も反映させたため、大幅に加筆・修正した「増補版」となりました。

目次

文庫増補版　主権なき平和国家

地位協定の国際比較からみる日本の姿

本書は、二〇一七年十月、書き下ろし単行本として集英社クリエイティブより刊行されたものを加筆・修正しました。

本文デザイン　川名潤

序章
主権にあいまいな国

ある国の領土内に駐留する外国軍隊とその関係者に与えられる特別な法的地位＝特権について定める国際的な取り決め――それが地位協定（Status Of Forces Agreement＝SOFA）です。

アメリカは現在、一〇〇を超える国々と地位協定（交換公文のような形式のものも含む）を結んでいます。

相手は、日本やドイツのように恒久的な基地を置く国から、共同訓練やその国の軍隊の支援のために一時的に米軍を派遣する国まで、さまざまです。どんな形であれ、米軍を派遣する国とは地位協定を結び、特権を最大限確保しようとします。

一般的に、米軍を受け入れる国（以下、「受入国」）の政府があまりにも多くの特権を認めると、自国民から「主権を放棄した」と批判を浴び、場合によっては政治的に危うい立場に追い込まれます。逆に、アメリカを相手に米軍の特権を最小限にすることに成功した政府は、「主権を譲らなかった」と国民から評価されます。

地位協定の内容は、米軍の特権を最大限獲得しようとするアメリカ政府と、自国の主権を最大限貫こうとする受入国政府とのせめぎ合い（交渉）によって、最終的に決まるのです。

よく、「日米地位協定は不平等」と言われます。みなさんも、報道などで一度は耳にしたことがあるのではないでしょうか。

これには二つの意味が含まれています。一つは、アメリカと対等な関係ではないということ。もう一つは、アメリカが他の国と結んでいる地位協定と比べても、日本にとって不利な内容になっていることです。

本書では、日米地位協定が他の地位協定と比べて、具体的にどこが、どのように不利なのかを検証していきます。

日米地位協定について、不平等だと薄々感じながらも、「いざという時は米軍に助けてもらうのだから、多少の特権を与えるのは仕方がない」と考えている人もいると思います。

でも、日本の場合、それが「多少」ではないのが問題なのです。

アメリカと防衛協力に関する条約を結び、安全保障で米軍の力を借りようとしている国はたくさんありますが、その中でも日本の主権放棄ぶりは際立っています。

日本が一人前の「主権国家」になるためには、日米地位協定の改定は避けて通れません。もし、六〇年間一度も改定することができなかった日米地位協定を改定することができれば、アメリカとの従属関係を変える大きな一歩となるでしょう。

そのためには、まず、日米地位協定の「異常性」を日本国民の中で共有する必要があります。本書では、アメリカと安全保障条約を結んでいるからといって、これが「当たり前」ではないということを、国際比較によって明らかにします。

また、その「異常性」がなぜ生まれたのかについても考察します。そして最後に、日米地位協定の改定を実現する可能性を探ります。

自分の国の主権が大きく損なわれている現実に向き合うのは、決して楽なことではありません。しかし、何が問題なのかが分かれば、あとは皆で力を合わせて変えていくだけです。これから新しい日本をつくっていくための「生みの苦しみ」だと思って、どうか最後まで読んでいただければ幸いです。

それでは、始めましょう。

米「軍属」による女性暴行殺人事件

沖縄本島中部に、恩納岳（おんなだけ）という山があります。かつては首里（しゅり）（琉球（りゅうきゅう）王朝時代の首都で、現在は那覇（なは）市首里）からも遠望でき、当時詠（よ）まれた琉歌（沖縄の叙情詩）にもたびたび登場するなど、沖縄の人々に愛されてきました。

しかし、現在は、この山に登ることはできません。山の大部分が、米軍基地（米海兵隊キャンプ・ハンセン）になっているからです。米軍は一九九七年まで、この山で一五五ミリ榴弾砲（りゅうだんほう）の実弾砲撃訓練を行っていました。訓練は約二五年の間で一八〇回に及び、恩納岳に向けて約四万四〇〇〇発の砲弾が撃ち込まれたと言われています。当時の着弾地は木々が失われ、痛々しいはげ山となっていました。

二〇一六年五月一九日、この近くの雑木林の中で、一人の若い女性の遺体が発見されました。

遺体で見つかった女性は、うるま市に住む二〇歳の会社員でした。四月二八日の夜八時ごろ、同居していた交際中の男性のスマートフォンに「ウォーキングしてくる」などとメッセージを送って以降、行方がわからなくなっていました。

沖縄県警はこの日、米軍嘉手納（かでな）基地に勤務する三二歳の「米軍属」のアメリカ人男性を死体遺棄容疑で逮捕しました。

男性は、警察の取り調べに対し、「背後から女性の頭を棒で殴り、草むらに連れ込んで乱暴した」「首を絞め、ナイフで刺した」「動かなくなった女性を雑木林に捨てた」などと供述しました。

検察は、こうした供述に基づき、男性を殺人、強姦（ごうかん）致死、死体遺棄の罪で起訴。公判で男性は殺意を否定しましたが、一審二審ともに殺意を認め、検察の求刑通り無期懲役の判決が言い渡されました。

　男性は弁護士に対し、高校時代から女性を拉致して強姦する願望があり、ずっと抑え込んできたと明かしたといいます（「星条旗」二〇一七年二月一三日）。

事件を契機に「軍属補足協定」締結

　この痛ましい事件の話を最初に持ってきたのは、日米地位協定を適用する対象者の範囲が問題になったからです。

　全二八条で構成される日米地位協定は、以下のような広範な「特権」を米軍に与えています。

○日本のどこにでも施設・区域の提供を求める権利（第二条）
○提供された施設・区域内で独占的な管理権を行使する権利（第三条）
○施設・区域を返還する際、原状回復・補償の義務を免除される権利（第四条）
○米軍の船舶・航空機が日本に出入りする権利。日本国内を自由に移動する権利（第五条）
○日本の公共サービスを優先的に利用する権利（第七条）

○米兵・軍属・家族が日本に出入国する権利。米兵について入国審査を免除される権利（第九条）
○関税・税関検査を免除される権利（第一一条）
○課税を免除される権利（第一三条）
○公務執行中の刑事事件についてアメリカ側が優先的に裁判権を行使する権利。日本の捜査機関による身柄の拘禁から免除される権利（第一七条）
○損害補償、民事裁判権に関するさまざまな免除を受ける権利（第一八条）

「領域主権」（自国の領域内で排他的に管轄権を行使する権限のこと）に例外を設けてこれだけの特権を与えるわけですから、対象者の範囲をどう設定するかが、まず重要になります。

そのため、日米地位協定は第一条で適用対象を「合衆国軍隊の構成員」「軍属」「家族」の三つのカテゴリーに分類し、それぞれの定義を記しています。

上記の事件の犯人には、「軍属」のステータス（地位）が与えられていました。

犯人の男性は元海兵隊員で、かつて沖縄の部隊に配属されていたこともありました。その後、インターネットを通じて知り合った沖縄在住の日本人女性と結婚し、海兵隊を除隊。事件当時は、米軍と契約するインターネット関連会社の従業員として嘉手納基地内で働いていました。

このインターネット関連会社のように、米軍と業務請負契約を結ぶ民間業者を「コントラクター」と言います。犯人の男性は、コントラクターに雇われており、米軍との直接的な雇用関係はありません。それにもかかわらず、「軍属」として日米地位協定による特権が与えられていたことが問題になりました。

米国防総省の報道官は「日米地位協定上の地位が与えられるべきではなかった」とコメントし、安倍晋三首相（当時）も「逮捕された容疑者のような人物が、軍属という形で地位協定によって守られているのはおかしい」と発言しました。

この事件が契機となって、日米両政府は「軍属」の範囲を見直す協議を始めます。そして、約八カ月後の二〇一七年一月一六日、「日米地位協定の軍属に関する補足協定」に署名しました。

協定の署名式で、岸田文雄外務大臣は次のように挨拶しました。

「この補足協定の下で、軍属の範囲が明確化され、（中略）在日米軍の軍属に対する管理・監督が一層強化されることによって、軍属による事件・事故の再発防止につながることを期待します」

つまり、これまではっきりしていなかった「軍属」の範囲を、補足協定によって「明確化」したというわけです。

地位協定によって特権を与えられる対象者の範囲が「明確化」されていないのは、主権国家としては、かなりまずい状況だと言えます。そのまずい状況が、日本ではほとんど注目されることもなく、ずっと放置されてきたのです。

「軍属」の範囲をNATOより広く規定

日米地位協定は第一条で、協定の適用対象となる「合衆国軍隊の構成員」「軍属」「家族」の定義を定めています。

軍属については、「合衆国の国籍を有する文民で日本国にある合衆国軍隊に雇用され、これに勤務し、又はこれに随伴するもの」と定義しています。

一方、ドイツやイタリアなどが加盟するNATO（北大西洋条約機構）の地位協定では、軍属は「締約国の軍隊に随伴する文民で、その締約国の軍隊に雇用されている者」（第一条）と定義しています。

ぱっと読むとNATO地位協定と同じ定義のようにも見えますが、これは「似て非なるもの」です。

次のように整理すると、どこが違うかわかると思います。

・NATO地位協定の場合＝軍隊に、随伴するand雇用される者
・日米地位協定の場合＝軍隊に、雇用されるor勤務するor随伴する者

これを表したのが三三ページの図です。NATO地位協定では、軍隊に随伴するだけでなく雇用されていなければ軍属にはなりません。他方、日米地位協定では、米軍に雇用されていなくても、米軍に「勤務する者」や「随伴する者」であれば軍属になりうるのです。

これは、非常に大きな違いです。「雇用される」とは、米軍と個人が直接的な契約関係にあり、米軍がその個人に対して監督責任を負うことを意味します。NATO地位協定では、これが軍属のすべてです。

ところが、日米地位協定では、雇用関係がなく、米軍が業務上の監督責任を完全に負えない個人まで軍属に含むことが可能な規定となっています。

一つの民間業者が米軍と業務請負契約をしたら、その従業員は米軍基地内に「勤務」しますが、この個人に対して直接の監督責任を持つのは米軍ではなくその業者です。米軍の監督責任が完全に及ばない個人にまで軍属としての免責特権を与えるというのは、道理が立ちません。

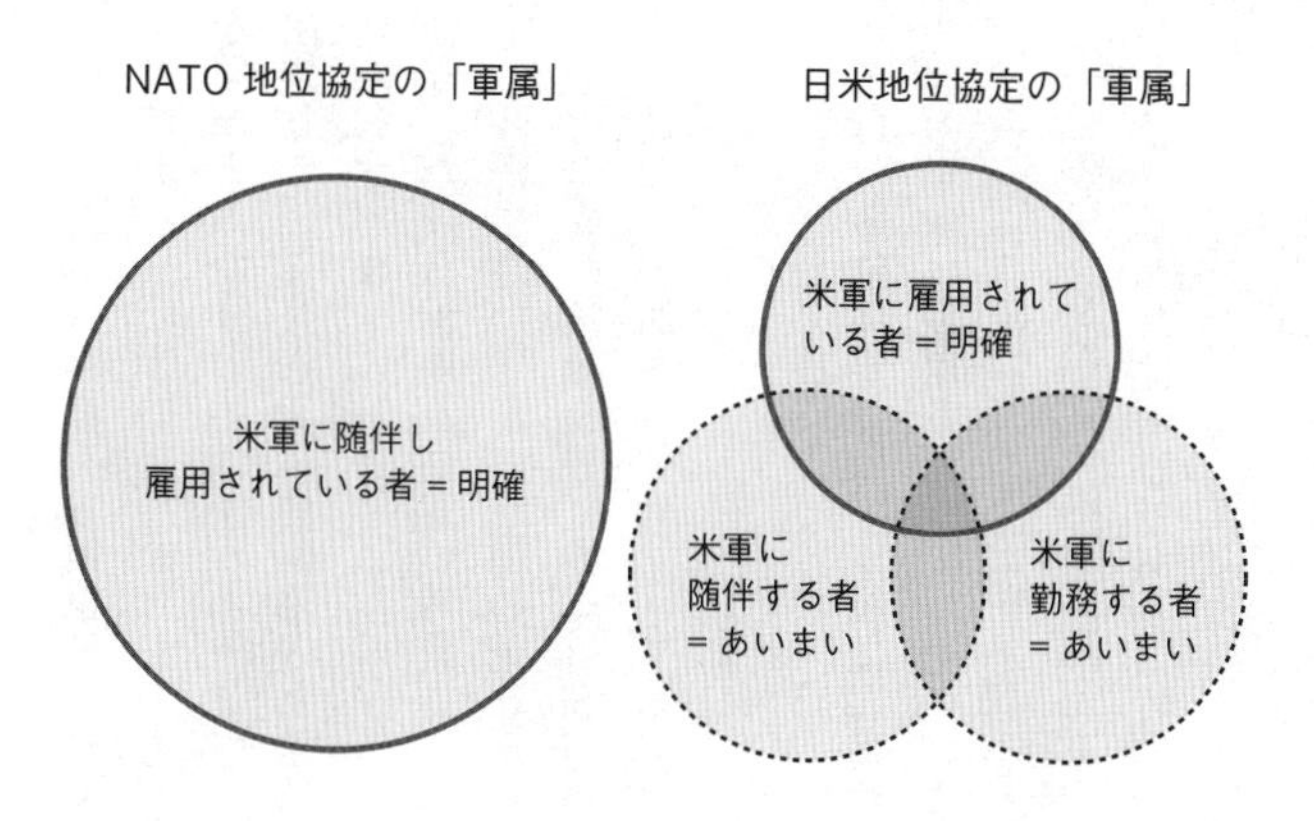
NATO 地位協定の「軍属」
米軍に随伴し
雇用されている者＝明確
日米地位協定の「軍属」
米軍に雇用されている者＝明確
米軍に
随伴する者
＝あいまい
米軍に
勤務する者
＝あいまい

ドイツに駐留するNATO軍（大半は米軍）の地位について定めたNATO地位協定の補足協定（ボン補足協定）にも、技術上の専門家としてもっぱらNATO軍のために勤務するコントラクターを軍属とみなすとの条項があります。これは、軍属の範囲を米軍に雇用されている者に限定しているNATO地位協定と矛盾しますが、あくまで「例外」として特権を認めているにすぎません。

外務省が一九八三年に作成した「日米地位協定の考え方　増補版」という部内向けの解説書（無期限「秘」指定の機密文書ですが、沖縄の琉球新報社が独自入手し、二〇〇四年に全文公開しました。その全文は琉球新報社編『外務省機密文書　日米地位協定の考え方・増補版』として高文研より出版されています）は、軍属の定義について、次のように記しています。

> ナト〔筆者注：NATO〕地位協定では、軍属は、締約国の軍隊に随伴する文民であってかつその締約国の軍隊に雇用されているものでなければならない旨規定されている（第一条1項b）ので、日米地位協定の場合より相当狭くなっている。（中略）いずれにしろ、いかなるものが日米地位協定上の軍属に該当するかにつきあらかじめ一般的基準を設けることは困難である（特に「勤務」、「随伴」の判定が難しい。）ので具体的ケースに当たって合理的に判断して行くほかない。

外務省も、日米地位協定の軍属の範囲がＮＡＴＯより相当広く、あいまいに規定されていることを認めているのです。

アフガニスタンとイラクでもコントラクターに免責特権与えず

二〇一七年一月に締結された「日米地位協定の軍属に関する補足協定」は前文で、アメリカが日米安保条約に基づく義務を履行するに当たって「軍属の構成員が担う不可欠な役割」を強調しています。「不可欠な役割」を担っているから、地位協定でその地位を保護する必要があるのだというメッセージを込めたのでしょう。

確かに、米軍の中で軍人以外の要員が担う役割は以前とは比較にならないくらい大きくなっています。いわゆる「戦争の民営化」です。以前から非軍事的な分野でのアウトソーシングはありましたが、近年は「民間軍事会社（ＰＭＣ）」が登場し、軍事的な分野までアウトソーシングするようになっています。また、兵器や情報通信システムのハイテク化により民間企業の技術者の協力なしには軍を運用できなくなっているのです。

象徴的なのはアフガニスタンです。

アメリカは、二〇〇一年九月一一日のアメリカ中枢同時テロ以降、アフガニスタンのタリバン政権が国際テロ組織アルカイダをかくまっているとして「不朽の自由作戦」と称する対テロ軍事作戦を開始します。アメリカが主導する有志連合がタリバン政権を倒した後は、国連安全保障理事会決議に基づいて「国際治安支援部隊（ＩＳＡＦ）」が設立され、米軍を中心とするＮＡＴＯ軍が治安維持活動を行ってきました。

この活動の最大の特徴は、軍人よりも多い人数のコントラクターが関与していたことです。米軍の発表によれば、二〇一二年初旬のピーク時で、米兵約八万八〇〇〇人に対して一一万七〇〇〇人以上のコントラクター被用者が従軍し、そのうち約二三％は軍を補完する治安業務に就いていたといいます。米軍は、軍の補給物資を運ぶ車列の警護や重要施設の警備などもＰＭＣに外注し、兵力の不足を補っていたのです。

ＩＳＡＦの活動は二〇一四年末で終了しましたが、米軍はその後も「自由の歩哨(ほしょう)作戦」と称してアフガニスタン治安部隊への支援や「アルカイダの残党」に対する対テロ作戦を継続しました。二〇一六年初旬の時点で、同国に駐留する米兵の数が約九〇〇〇人であったのに対して、コントラクター被用者は約二万九〇〇〇人でした。これが「戦争の民営化」の実態です。

しかし、そのアフガニスタンでも、コントラクター被用者に特権は与えませんでした。アメリカは二〇一四年、アフガニスタンと地位協定（正式名称は「米・アフガニスタン二国間安全保障協定」）を締結しました（同時に、ＮＡＴＯもアフガニスタンと「地位協定」を締結）。この協定でも、軍属はＮＡＴＯ地位協定などと同様、「アメリカ国防総省に雇用されている者で米軍構成員ではない者」と明確に定義しています。その上で、コントラクターについては裁判権に関する条項で次のように規定しています。

〈米・アフガニスタン二国間安全保障協定　第一三条六項（抜粋）〉

アフガニスタンは、アメリカの契約業者およびその従業員に対する裁判権を有し、それを保守する。

万単位のコントラクター被用者が米軍と一体となって最重要業務を担っているアフガニスタンでも、コントラクター被用者には刑事免責特権を認めず、アフガニスタン側がすべての裁判権を持つと明記しているのです。ちなみに、この協定では、すべてのコントラクターに、アフガン国内法に基づく会社登録も義務付けています。（第一一条一項）

この協定が発効する以前は、二〇〇一年一二月にアフガニスタンの暫定政府とISAFとの間で結ばれた「軍事技術協定」によって、ISAFの軍事要員だけでなく、それを支援するコントラクター被用者もアフガニスタンの刑事訴追から完全に免責されていました。

コントラクターであるPMCの〝傭兵（ようへい）〟による市民の殺害や虐待がたびたび問題となり、アフガニスタン大統領が「アフガニスタンの治安が安定しないのは、PMCのせいだ」としてすべてのＰＭＣに解散を命じる大統領令を出したこともありました。

米軍・ＩＳＡＦによる戦闘任務終了後に軍事技術協定から地位協定に切り替える交渉でアフガニスタン政府が強く主張したのは、コントラクター被用者だけでなく米・ＮＡＴＯ軍隊要員の刑事免責特権を廃止することでした。

地位協定の交渉で、最も論争となったのはこの点でした。米・ＮＡＴＯ軍が主力として「対テロ戦」を行う「戦時」ならともかく、治安維持の主力がアフガニスタン軍・警察に移行した後は、アフガニスタンの法律や刑事司法手続きに従うべきだというのがアフガニスタン側の主張でした。

最終的には、アメリカ側が「免責特権を認めなければ米軍を完全撤退させる」と強硬姿勢に出たため、軍人の免責特権は維持されましたが、ＰＭＣなどコントラクターの被用者についてはアフガニスタン側が刑事裁判権を持つことになったのです。

コントラクター被用者に対する刑事裁判権は、ある事件を契機にイラクでも大きな問題となりました。

二〇〇七年九月一六日、イラクの首都バグダッドで車列を警護していたアメリカのＰＭＣ・ブラックウォーター社の社員が銃を乱射して、九歳と一一歳の少年を含む一七人のイラクの民間人を殺害、二〇人以上を負傷させたのです。

イラクでも当時、イラク暫定政府と多国籍軍との間で結ばれた軍事業務協定（正式には、占領期間中に連合国暫定当局〈ＣＰＡ〉が発した「ＣＰＡ令第一七号改正」が、イラクへの主権移譲後も暫定的に多国籍軍に適用された）によって、多国籍軍の軍人だけでなく、ＰＭＣを含むコントラクター被用者にも免責特権が与えられていました。

民間企業の従業員が首都中心部の街中で銃を乱射し、一七人ものイラクの民間人を殺しておきながら、裁判にもかけられないのでは、イラクの人々は当然納得しません。国民の怒りを背景にイラク政府はコントラクターへの免責特権の廃止を要求し、二〇〇八年一一月に締結された「地位協定」（正式名称は「イラクからの米軍の撤退と米軍の一時的駐留期間の活動に関する協定」）でそれは実現します。

この協定では、米軍人や軍属が「（米軍の）施設外あるいは公務外で、重大かつ計画的な重罪」を犯した場合は、イラク側が刑事裁判権を行使できるようになり、米軍の免責特権は一部縮小されました。それでも、「協定はイラクの主権を侵害し、占領を永続化するもの」などと強い批判が国民から浴びせられ、バグダッド市内で行われた抗議のデモには一万人を超える市民が参加しました。

それから三年後の二〇一一年、アメリカは米軍駐留延長のための新たな地位協定を締結するためにイラクと交渉しましたが、刑事免責の問題で合意に至らず完全撤退に追い込まれます。この話は、次の章で詳しく述べます。

見直し後もコントラクター被用者を含める

話を日本に戻します。

二〇一七年一月に締結された「軍属に関する補足協定」では、軍属として認定するカテゴリーと認定基準を、日米地位協定の運用について協議する日米合同委員会で定めるとしています。

日米合同委員会は、軍属として認定する八つのカテゴリーを定めました。確かに、これまでは日米地位協定第一条のあいまいな定義しかなかったものを、より細かく具体的に規定しています。

しかし、NATO加盟国やアフガニスタンでは軍属に含まれないコントラクターの被用者を、引き続き、軍属の認定対象に含めました。

日本政府が「軍属の範囲が明確化され、在日米軍の軍属に対する管理・監督が一層強化される」と説明した補足協定でしたが、結果的には、軍属全体の数もコントラクターの被用者の数も増えています。

日本政府によると、「軍属に関する補足協定」が締結される前の二〇一六年の軍属の数は約七三〇〇人でした。それが、協定締結後の二〇一七年一〇月末には七〇四八人と少し減りました。

しかし、一年後の二〇一八年一〇月末には、一万一八五七人と大幅に増えました。これは、基地内のPXといった商業施設や食堂などで働く職員数が米側の報告から漏れていたためだと外務省は説明しました。

さらに、二〇二一年一月中旬には、一万二六三一人にまで増えています。コントラクターの被用者の数も、二〇一八年一〇月末に二二二四人だったのが、二〇二一年一月中旬には三一八三人と一〇〇〇人近く増えています。

いったい、何のための補足協定だったのかと思わざるをえません。

六五年前の行政協定締結時よりも後退

実は、日本政府が、軍属の定義をNATO地位協定と同じにするようアメリカに要求したことがありました。

それは、日米地位協定の前身である日米行政協定を策定する交渉（一九五一～一九五二年）の中でした。

アメリカが出してきた行政協定案の軍属の定義には、米軍が雇用している者だけでなく、「日本国にある合衆国軍隊の請負業者に雇用され、又はこれと契約関係にある者」も含まれていました。つまり、コントラクターの被用者も軍属に含めろと要求してきたのです。

しかし、日本政府は「請負業者は日本社会で不人気者である」「請負業者を軍属とすることは、労働組合の反対なども予想され同意できない」と訴え、コントラクターの被用者を軍属に含めることには最後まで首を縦に振りませんでした。

最終的に、コントラクターの被用者については、新たに「特殊契約者」というカテゴリーを設けて軍属とは区別することで交渉は妥結しました。

行政協定は、特殊契約者を「通常合衆国に居住する人（合衆国の法律に基づいて組織された法人を含む）及びその被用者で、合衆国軍隊のための合衆国との契約の履行のみを目的として日本国にある者」と定義し、原則として「日本国の法令に服さなければならない」と明記しています。

日本への出入国の手続きや関税、税金などに関する特権を例外的に認めていますが、刑事事件に関する免責特権は与えていません。公務中であろうと公務外であろうと第一次裁判権は日本側にあると明記されています。

日本政府は、米軍に直接雇用されていないコントラクターをＮＡＴＯ地位協定のように地位協定の適用外にすることはできなかったものの、軍属とは区別して特権を制限し、原則として日本の国内法を適用することには成功しました。

行政協定のこれらの規定は、現在の日米地位協定にもそのまま引き継がれています。

それなのに、なぜその後、コントラクターも軍属に含まれるようになってしまったのでしょうか。

それは、米軍側が、特殊契約者の指定を受けていないコントラクターの被用者を軍属のカテゴリーに入れていたからです。これは、コントラクターの被用者を軍属とは区別して特権を制限した、行政協定締結時の趣旨を無視する運用でした。

軍属の範囲について見直すというのであれば、行政協定締結時の原点に立ち返って、米軍の任務の遂行のために必要な高度な技能や知識を有している者のみを特殊契約者に指定し、そのほかのコントラクターの被用者は軍属に含めないという運用に改めるべきでした。

しかし、二〇一七年に結ばれた「軍属に関する補足協定」は引き続きコントラクターの被用者を軍属に含めており、行政協定締結時の趣旨を無視する米軍側の運用を「追認」するものとなってしまいました。

日本政府が「画期的」とうたった補足協定でしたが、実際には六五年前の行政協定締結時よりも後退していたのです。

残念ながら、こうした問題を指摘したメディアは皆無でした。

日米地位協定より不平等な「日・ジブチ地位協定」

通常、外国軍隊の受入国は、地位協定で特権を与える対象を厳密に定めるように派遣国に求めます。なぜなら、これは主権に直結する問題だからです。日本政府のように、軍属の定義があいまいだと認識しながら放置するなど、他の国では考えられないことです。

自民党の石破茂・元防衛相はかつて、日米地位協定をテーマに開かれたシンポジウムでこう発言しています。

地位協定本文はかなり曖昧に書いてある。曖昧に書いてあることが我が方にとって得な部分もある。曖昧だからこそ、運用の改善でいけることが沢山あるからだ。

（二〇〇五年一二月二二日、渉外知事会主催「日米地位協定シンポジウム」）

しかし、あいまいに書いてある結果、米軍と雇用関係のないコントラクター被用者にまで刑事免責特権を与える、世界で最も「寛大な」運用をしてきたのです。

自国の主権に対するセンシビリティー（敏感さ）が欠如している国は、他国の主権に対しても鈍感になるのかもしれません。

それを示しているのが、日本がアフリカのジブチ共和国と結んだ地位協定です。

日本政府は二〇〇九年から、ソマリア沖で活動する海賊の脅威から日本の商船などを護衛する目的でジブチに自衛隊を派遣しています。

この活動を行うために、ジブチ政府からジブチ国際空港の隣接地に一二ヘクタールの土地を借りて、自衛隊の基地（日本政府の呼称は「活動拠点」）を設置しました。そして、二〇〇九年四月、ジブチ政府と同国内における自衛隊員の法的地位を定めた「地位協定」（正確には、交換公文という形式）を結びました。

日本とジブチの「地位協定」は、日本側にジブチの刑事裁判権からの完全な免除を与えています。

日米地位協定では、米軍関係者が公務外で起こした事件については日本側に第一次裁判権がありますが、この取り決めでは、自衛隊員が公務外で起こした事件についてもジブチの裁判権から免除されます。

> 〈ジブチ共和国における日本国の自衛隊等の地位に関する日本国政府とジブチ共和国政府との間の交換公文〉
> 要員は、ジブチ共和国の領域内において、千九百六十一年四月十八日の外交関係に関するウィーン条約の関連規定に基づいて事務及び技術職員に与えられる特権及び免除と同様の特権及び免除をジブチ共和国政府により与えられる。

後に防衛大臣となる森本敏（さとし）氏（当時は拓殖大学海外事情研究所所長・同大学院教授）

は、参考人として招かれた参議院外交防衛委員会（二〇〇九年六月一六日）で、ジブチとの地位協定について、「すべての刑事裁判権を日本側にゆだねているという、大変日本に有利な地位協定の内容になっていることに私は一種の感慨を覚えるものです」「日本の自衛隊が特にこのホスト国によって大変重く扱われているということの証拠ではないかと考えます」と語りました。

確かに、日本にとっては有利かもしれませんが、ジブチの側から見れば非常に不利な内容と言えます。不利どころか、まさに治外法権そのものです。

それに、森本氏が語った「自衛隊がホスト国によって大変重く扱われているということの証拠ではないか」というのは、大きな誤解です。

実は、自衛隊がジブチの刑事裁判権から完全に免責されるこの取り決めは、先にフランスがジブチと結んだ取り決めにならったものなのです。

ジブチは一九七七年に独立するまでフランスの植民地でした。独立後も両国は防衛協定を締結し、フランス軍はジブチに基地を置き駐留を続けました。そして、両国の合意により、フランス軍の兵士は植民地時代と同様にジブチの刑事裁判権から完全に免責されることになったのです。

政府が同意したとしても、ジブチ国民にとっては、この特権は「植民地時代の悪しき慣習の残滓」とも言うべきものでしょう。これをそのままコピーしたのが、日本とジブチの「地位協定」というわけです。森本氏の言うような、ジブチ政府が自衛隊を特に重く扱っていることの証拠では、決してありません。

「日本民族独立の危機」と喝破した中曽根康弘氏

日本も、連合国による占領が終結した後の約一年半は、日米行政協定に基づき、米軍関係者に完全な刑事免責特権を与えていました。

当時の日本でも、「占領の継続ではないか」と強い批判が国民からわき起こりました。当時、外務省の条約局長として行政協定の対米交渉に当たった西村熊雄氏は、「交渉当事者としてははなはだ不本意なところであった。議会と世論は最も強い不満と非難の声をあげた。占領時代の苦い経験からしてムリもない」と後に振り返っています（「世界週報」一九五九年四月一一日）。

当時の国会会議録には、野党改進党の青年代議士であった中曽根康弘氏が、衆議院の予算委員会で吉田茂内閣を厳しく追及した記録が残っています。

今後の協定によりますと、軍人、軍属、家族の私用中の問題についても、日本は裁判管轄権を及ぼし得ないということになっておるので、これは安政和親条約以下であります。このような不平等条約をわれわれが黙認して承認するとすれば、われわれ

われは再び明治年代の条約改正運動の方に進まなければならぬのであります。（一九五二年二月二六日、衆議院予算委員会）

中曽根氏は、米軍関係者が公務外で起こした事件についても日本が刑事裁判権を行使できないというのでは、連合国軍による占領時代と変わらないばかりか、江戸時代末期（一八五四年）に幕府がアメリカと締結した「日米和親条約」以下だと切り捨てています。アメリカが黒船の「砲艦外交」で江戸幕府に調印させた和親条約も、日本にいるすべてのアメリカ国民は日本で裁かれることも、拘禁されることもないと定めていました。

中曽根氏は、このような屈辱的な行政協定を国会議員が黙認することは、日本の国会を「アメリカの大政翼賛会化」するもので「日本民族独立の危機」だと喝破しました。

中曽根氏と言えば、後に自民党総裁・首相となり、「日米は運命共同体」「日本列島は（アメリカの）不沈空母だ」と発言するなど日米同盟の強化にとりわけ力を入れたことで知られています。その中曽根氏が、野党時代とはいえ、「日本民族独立の危機」とまで言っていたのです。

一九五三年七月にアメリカの議会でＮＡＴＯ地位協定が批准されると、日米行政協定もそれにならう形で改定され、公務外の事件については日本側が第一次裁判権を持つことになりました。

当時、法務大臣だった犬養健（いぬかいたける）氏は、国会で「国力を回復し、国の地位を回復するためには、その国民は必ず刑事裁判権について自尊心の満足するものを要求するのは、どの時代でもどの国でも例でありますから、この点は一歩も譲らずに参った」と語り、改定の成果を強調しました（一九五三年一一月三日、衆議院法務委員会）。

主権にかかわる厳粛な問題

この時から七〇年近く経ち、今や日本が外国に対して不平等な「地位協定」を押し付ける側に立っています。このことを、受入国（ジブチ）の人々にとっては独立や主権の根幹にかかわる問題だと認識している政治家や国民が、はたしてどれだけいるでしょうか。

日本政府はこの六〇年余、他のアメリカの同盟国と比較しても極めて寛大な特権を米軍に認めてきました。政府だけでなく、国会議員も国民もこの状況に慣れきってしまい、日米地位協定によって日本の主権が大きく損なわれているという意識を失ってしまったのではないでしょうか。

そして、自衛隊を海外に駐留させるようになった現在、今度は自分たちが他国の主権を損ねていることに無自覚になっているのです。その意味で、日本に駐留する米軍に特権を与えるための日米地位協定と、ジブチに駐留する自衛隊の特権を確保するための

「日・ジブチ地位協定」は、コインの表裏の関係にあると言えます。

不平等な日米地位協定の改定を求めるのであれば、それ以上に不平等なジブチとの「地位協定」にも向き合う必要があります。アメリカに対して日米地位協定をより対等にするよう求めながら、ジブチとの「地位協定」にはだんまりを決め込むのでは、「ダブルスタンダード」と批判されても仕方がありません。

自国に外国の軍隊を受け入れることも、外国に自国の軍隊を駐留させることも、いずれも国家の主権にかかわる厳粛な問題であると認識するところから、地位協定に関する議論を始めたいと思います。

第一章

刑事裁判権

政府が言う「日本が韓国やドイツより有利」というのは本当か

日米地位協定は、他の国がアメリカと結んでいる地位協定と比較しても特に不利ではない——これが、日本政府の「公式見解」です。

外務省のウェブサイトに載っている「日米地位協定Q&A」にも、次のような記述があります。

　時々、他国が米国と結んでいる地位協定と日米地位協定を比較して日米地位協定は不利だと主張されている方もいらっしゃいますが、比較に当たっては、条文の文言だけを比較するのではなく、各々の地位協定の実際の運用のあり方等も考慮する必要があり、そもそも一概に論ずることが適当ではありません。とはいえ、例えば、米軍人が刑事事件の被疑者になった場合に身柄がどの時点で受入れ国側へ引き渡されるかという問題については、日米地位協定に基づく運用が、他のどの地位協定よりも早い時点での引き渡しとなっています。このような点からもわかることですが、日米地位協定が他の地位協定に比べて不利になっているということはありません。

はたして、ここに書かれていることは事実なのでしょうか――。

地位協定の刑事免責特権の原型

日本政府の説明の「ファクトチェック」に入る前に、米軍関係者が日本で刑事事件を起こした場合の処理について、日米地位協定がどのように定めているのかを簡単に解説したいと思います。

通常、日本で刑事事件を起こした人は、国籍にかかわらず、日本の刑事司法制度の下で裁かれることになります。このように、ある国の領内にいる人に、国籍や属性に関係なく、その国の法律が適用される原則のことを「属地主義」といいます。

この原則に従えば、日本で刑事事件を起こした米軍関係者は、日本の捜査機関が取り調べを行い、起訴されれば日本の裁判所で裁かれることになります。

しかし、日米地位協定では、公務中の事件・事故についてはアメリカ側が「第一次裁判権」を持つこととされています。これは、ＮＡＴＯの地位協定も同じです。

〈日米地位協定　第一七条三(a)〉

合衆国の軍当局は、次の罪については、合衆国軍隊の構成員又は軍属に対して裁判権を行使する第一次の権利を有する。

(i)もっぱら合衆国の財産若しくは安全のみに対する罪又はもっぱら合衆国軍隊の他の構成員若しくは軍属若しくは合衆国軍隊の構成員若しくは軍属の家族の身体若しくは財産のみに対する罪

(ii)公務執行中の作為又は不作為から生ずる罪

この規定をNATOが地位協定に導入するにあたっては、加盟国の中で主権をめぐる激しい葛藤がありました。

そもそも、地位協定の存在が一般的になったのは、第二次世界大戦後のことです。なぜなら、それまで外国軍隊の駐留というのは、植民地であったり、戦時中の特殊な状況下での出来事だったからです。

平時において、独立した主権国家どうしが安全保障条約や相互防衛条約を結んで外国軍隊を常時駐留させることが一般的になったのは、第二次世界大戦が終わってからのことでした。

一つの主権国家の中に、別の主権国家の国家機関である軍隊を置くわけですから、同盟国・友好国とはいえ、当然そこには緊張関係が生まれます。しかも、軍隊は大使館の外交官などとは違い、殺傷や破壊の技術を日々訓練し、そういう能力に非常に長けた職能集団です。それがどこでもかしこでも自由に活動したら、重大事件を引き起こし、自国民の命や安全を脅かす危険性もあります。一方で、駐留軍がその任務を遂行できるよう、円滑な活動を確保する必要もあります。地位協定は、こうした葛藤の中で生まれたのです。

そのなかで、一つの「落としどころ」としてできたのが、一九五一年六月に調印されたNATO地位協定でした。

この原型をつくったのは、当時のアメリカとイギリスの関係です。

第二次世界大戦中、ドイツの空爆の脅威に晒されていたイギリスは、国防を米軍、特に防空を米空軍に頼らざるをえない状況でした。終戦を迎え、一九四六年二月に最後の米空軍機がイギリスから飛び立った時には、イギリス国民は深く安堵したという報道が残っています。つまり、やっと「戦時（war time）」から「平時（peace time）」に移行し、外国軍の駐留を許す非常事態が終焉を迎えたということです。

しかし、すぐに冷戦が始まり、東西の緊張が高まります。一九四八年にソ連が「ベルリン封鎖」を行うと、アメリカは西ベルリンへの大規模な物資輸送のために、米軍を再度イギリスに駐留させる必要が生じます。

一九五一年の時点で、在英米軍の規模は一万五〇〇〇人を超えるものとなっていました。ここで、「戦時」ではなく「平時」に異国の軍隊が大規模に駐留する場合に、どこまで「特権」を認めるかという問題が浮上してきたのです。

第二次世界大戦中の一九四一年、イギリスはアメリカと「賃貸借基地協定」を締結しました。この中で、米軍はイギリスの刑事裁判権から完全に免責されていました。この協定は東西冷戦の黎明時まで引き継がれました。

しかし、平時になり、イギリスを含むヨーロッパの民衆の意識が、戦時では許せたものでも平時では許されない、と変化していきます。平時なのだから、「属地主義」の原則でいくべきだという主張です。

それは、在英米軍による事件・事故の被害を受けた選挙民を抱える代議士たちが、イギリス議会において、刑事免責特権を「軍事占領の屈辱」であると声を上げたことに始まります。この声はその後、イギリス以外のNATO加盟国にも広がっていきます。

この頃から、アメリカにとっても、駐留する国での民衆の「反米意識」の高まりが大きな懸念となっていきます。

NATOとは、「平時」に外国軍を長期にわたって駐留させて「集団的自衛権」の措置を維持するものですから、加盟各国の有権者の反感が増幅して、その維持に支障をきたさないようにしなければなりません。一方で、最大の駐留軍派遣国であるアメリカでは、自国の兵士が他国の法で裁かれることに強い抵抗がありました。

こうした葛藤の中で、「落としどころ」としてNATO地位協定で導入されたのが、公務中の事件・事故に限って派遣国側が優先的に裁判権を行使できるという規定でした。

NATO地位協定後、この規定は、日米地位協定も含めて世界中の多くの地位協定で採用されていきます。

「互恵性」のない日米地位協定

もう一つ、NATO地位協定で導入されたのが、「互恵性（reciprocity）」の考え方です。

「互恵性」とは、外交官の持つ外交特権のように、相互に同じ特権を認め合うということです。NATO地位協定は、加盟国が法的に対等な関係を持つことをベースにつくられているのです。

もちろん、実際には米軍の駐留が圧倒的に多く、地位協定の特権を享受するのも米軍と、その兵士・軍属がほとんどです。しかし、法的には、ドイツ軍やイタリア軍などがアメリカ本土に駐留した場合は、ドイツやイタリアに駐留する米軍と同じ特権が認められるようになっています。そうすることで、NATOのすべての加盟国が「平等」であることを、一つの多国間体制として示しているのです。

冷戦終結後の一九九五年につくられたNATO加盟国と旧ソ連構成国との間の「Pf

P（平和のためのパートナーシップ）地位協定」も、互恵性が原則となっています。NATOは、冷戦時代の「旧敵国」にも、新たな共通の目的のために持続的な関係を構築、維持しようと「平等」に対処しているのです。

この「互恵性」の考え方は、日米地位協定には採用されませんでした。日米地位協定では、日本が一方的に、アメリカに特権を認めているだけです。

陸上自衛隊は毎年、米陸軍や海兵隊とアメリカ本土で日米共同訓練を実施しています。この時、自衛隊員は、どういう外交ステータスでアメリカに滞在しているのでしょうか。

筆者（伊勢﨑）が防衛省関係者に聞いたところ、普通の「公用パスポート」だそうです。これは、JICA（国際協力機構）が民間の専門家を途上国に派遣する時に発給されるのと同じものです。「外交パスポート」ではないので、外交特権など法的な特権は一切ありません。もちろん、日米地位協定で米兵らに与えられている刑事免責特権もありません。

訓練でアメリカ滞在中の自衛官が「公務中」に交通事故を起こした場合、すべてアメリカ側で事件が処理されます。ところが、これがドイツやイタリアの兵士だったら、第一次裁判権はこの両国にあるのです。実際にこのようなケースがあるかどうかは別にして、法的な権利関係が対等になっているというのは、主権国家にとって象徴的な意味を持ちます。

アメリカは、NATO地位協定のような多国間協定だけでなく、二国間協定でも互恵性を認めている場合があります。

たとえば、フィリピンとの間には、フィリピン国内の米軍の法的地位を定めた訪問軍協定（VFA）とともに、アメリカを訓練などの目的で訪れたフィリピン軍の法的地位を定めた訪問軍協定（VFA2）も締結しています。

二つのVFAは、出入国手続きや関税などの特権については対等になっています。フィリピン兵のアメリカにおける刑事裁判権については、基本的にはアメリカ側の刑事裁判権に服することになっていますが、フィリピン側が要請した場合、アメリカ政府は発生した事件を管轄する連邦政府または各州の司法当局に対して裁判権の放棄を要請するという規定になっています。

一方、米兵のフィリピンにおける刑事裁判権は、NATO地位協定や日米地位協定と同様、公務中の犯罪についてはアメリカ側が第一次裁判権を持つことになっています。その意味で、アメリカとフィリピンのVFAは完全に対等・互恵的とは言えません。

アメリカ政府は、アメリカが一方的に特権を要求していることが、しばしば受入国の不満の要因になっていることを理解しています。

二〇一五年一月にアメリカ国務省の国際安全保障諮問委員会が公表した「地位協定に関する報告書」は、「互恵性の無さは、国家のプライドと主権の問題を惹起（じゃっき）する」と指摘した上で、「互恵性の条項は、受入国の主権侵害への懸念を和らげ、不平等な協定だという国内の批判に反論しやすくなる」と、その効果を強調しています。

報告書は、フィリピンと結んだ二つのVFAについて、「それぞれの条件が同一というわけではない」としながらも、「この互恵性での譲歩は、過去のさまざまな問題にもかかわらず、フィリピン側がVFAに同意したことに大きな役割を果たしたようだ」と記しています。そして、互恵性について譲歩することが、安定した駐留を可能にする地位協定の交渉のカードとして使えると結論付けています。

日本は互恵性のない地位協定を受け入れ、一方的に米軍の特権を認めていますが、「国家のプライドと主権の問題を惹起」しているようには見えません。それどころか、日米地位協定に関して、この互恵性の問題が議論の的になったことすらないのが現実です。

被疑者の身柄引き渡しは日本にとって有利なのか

話を戻して、日米地位協定が他の地位協定と比べて不利ではないとする日本政府の主張のファクトチェックをしていきましょう。

外務省の「日米地位協定Q＆A」は、日米地位協定が不利ではない一例として、「米軍人が刑事事件の被疑者になった場合に身柄がどの時点で受入れ国側へ引き渡されるかという問題については、日米地位協定に基づく運用が、他のどの地位協定よりも早い時点での引き渡しとなっています」と述べています。これは本当なのでしょうか。

　米兵らが公務外で事件を起こした時（つまり、受入国側に第一次裁判権があるケース）、被疑者の身柄をアメリカと受入国のどちらの側が確保するのかということが、大きな問題となります。これは、受入国の捜査機関の初動捜査に実質的に関係するとともに、国家の主権に象徴的にかかわるからです。

　たとえば、沖縄県では過去にこんなケースがありました。

　一九九三年五月、路上を歩いていた一九歳の女性が二五歳の米兵に車で拉致され、嘉手納基地内に連れ込まれて強姦されるという事件が起きました。

　被疑者の身柄はすぐに米軍の憲兵隊によって確保されましたが、外出禁止と一時間ごとの点呼が課せられただけで、基地内では自由に行動できる状態でした。そして、被疑者は嘉手納基地内の旅行代理店で航空券を購入し、軍を離れるのに必要な書類を偽造して、民間機でアメリカ本国に逃げてしまったのです（その後、アメリカで拘束され、沖縄に送還されましたが……）。

　沖縄県警がすぐに被疑者を逮捕できていれば、このような不条理なことは起きなかったはずです。

　日米地位協定では、アメリカ側が被疑者の身柄を最初に確保した場合、日本側が起訴する時までアメリカ側が被疑者を拘禁することとされています（第一七条五c）。つまり、検察が起訴するまで、日本側では被疑者を逮捕して強制捜査を行うことはできない決まりなのです。

強制捜査ができないので、警察は十分な証拠集めができず、結果的に不起訴となるケースが多くなります。

これについて日本政府は、強制捜査ができなくても、米軍は日本の警察の捜査に全面的に協力するので捜査に支障はないと説明してきました。具体的には、日本側で被疑者の取り調べが必要な時には、米軍は被疑者を日本の警察署まで移送するなどの協力を行っているというのです。

しかし、これはあくまで任意捜査ですので、米軍が協力するといっても被疑者本人の同意が必要です。本人が同意しなければ、日本の警察が取り調べを行うことはできません。

さらに、米軍の「拘禁」には、上官による「外出禁止命令」といった緩い処分も含まれています。基地の外に出ることが禁止されるだけで、基地の中では自由に行動できるのです。そのため証拠の隠滅を図ったり、複数犯の場合は口裏合わせも可能となります。場合によっては、先ほど紹介しましたが、被疑者が勝手にアメリカ本土に逃げ帰ってしまうようなケースも起こりうるのです。

米兵らが「公務」と関係なく日本で犯した事件なのに、いったん基地に逃げ帰ってしまえば日本の警察が逮捕できないことに対する不満は、とりわけ米軍基地が集中し、こうした事件が繰り返されてきた沖縄でマグマのように溜まっていました。

それが「爆発」したのが、一九九五年九月に沖縄県で発生した少女暴行事件でした。海兵隊員二人と海軍兵一人が、自宅近所の文房具店に買い物に出かけた一二歳の女子小学生をレンタカーで拉致した上、人気のない海岸に連れていって集団で暴行したのです。

あまりに残虐非道な犯行に沖縄県警は被疑者らの身柄の引き渡しを求めましたが、アメリカ側は日米地位協定を理由に拒否しました。

長年にわたり鬱積した沖縄県民の怒りは頂点に達し、事件に抗議して開かれた「沖縄県民総決起大会」には本土復帰後最大となる八万五〇〇〇人が結集するなど、日米同盟を揺るがす政治問題に発展します。そして、基地の整理縮小と日米地位協定の改定を求める沖縄県民の圧力の強さに、アメリカはついに譲歩せざるをえなくなります。

日米両政府は同年一〇月二五日の日米合同委員会で、殺人と強姦事件の場合に限って、起訴前の身柄の引き渡しを可能とすることで合意したのです。

しかし、これは沖縄県民が要求した地位協定の改定ではなく、運用レベルの「改善」にとどまりました。合意の中身も、アメリカ側に起訴前の身柄の引き渡しを義務付けるものではなく、あくまで日本側の要請に対して「好意的な考慮を払う」ものであり、要請に応じるかどうかはアメリカ側次第なのです。

このような日米地位協定の身柄引き渡しに関する規定と運用が、本当に外務省が説明するように、他の地位協定の規定と比べても、「受入国にとって最も有利なもの」だと言えるのでしょうか。

日本より有利な改定を実現した韓米地位協定

韓国では、どうなっているのでしょうか。外務省のウェブサイトには、次のように書かれています。

米国が韓国と締結している米韓地位協定では、派遣国（米側）は、一二種類の凶悪な犯罪の場合は韓国側による起訴時、それ以外の犯罪については判決確定後まで、被疑者を拘禁できることになっています。（外務省ウェブサイト「刑事裁判手続に関する運用の改善」）

日米地位協定では、すべての犯罪について、起訴時には被疑者の身柄が日本側に引き渡される規定になっているので、韓米地位協定より「有利」だと説明しているのです。

韓米地位協定では二〇〇一年に二度目の改定が行われるまで、すべての犯罪について、被疑者の身柄は判決が確定するまで米軍側に置かれる規定になっていました。

それが、二〇〇一年の改定で、殺人や強姦、強盗、誘拐、放火など一二種の凶悪犯罪に限り、日米地位協定と同じく起訴の段階で身柄の引き渡しが可能となりました。

〈韓米地位協定合意議事録　第二二条〉

合衆国の軍当局は、以下の場合において、韓米地位協定の合衆国側の拘禁者を大韓民国当局へ引き渡すものとする。拘禁者が犯した犯罪が大韓民国に第一次的な裁判権を有するものであり、かつ大韓民国がその犯罪の起訴時にその引き渡しを要求した場合、もしくはその犯罪の性質が以下の類型に当てはまり、拘禁を行う犯罪の重大性が十分にある場合。

(a)殺人　(b)強姦（準強姦および一三歳未満の者との姦淫を含む。）　(c)営利誘拐　(d)違法な薬物の取引　(e)販売目的のための違法な薬物の製造　(f)放火　(g)凶器使用強盗　(h)前項の犯罪の未遂　(i)傷害致死　(j)飲酒運転による死亡事故　(k)死亡事故を起こした後現場からの逃走　(l)上記の犯罪のうち、一またはそれ以上で構成される犯罪改定のきっかけとなったのは、韓国国民の怒りに火をつけたある事件でした。

二〇〇〇年二月一九日夜、ソウルの龍山米軍基地近くの梨泰院地区で、外国人専用クラブで働く三〇代の韓国人ホステスの殺害死体が発見されました。

まもなく、犯人は二二歳の米兵であることが判明します。その米兵は、クラブで会った被害者の女性に性行為を要求して拒絶されたことに怒り、彼女を殴りつけて、首を絞めて殺してしまったのです。

この事件は、犯行の残忍さからも社会的注目を集め、判決が確定するまで韓国の捜査機関が逮捕することができない韓米地位協定の治外法権的な現状を浮き彫りにしました。当初は二度目の改定に渋っていたアメリカでしたが、地位協定改定を求める韓国国民の世論の高まりに、ついに譲歩を強いられたのです。

日本の外務省のウェブサイトの記述は、この二〇〇一年の改定までの段階で止まっています。しかし、実は、この先の話があるのです。

二〇〇一年の改定では、一二種の凶悪犯罪で身柄の引き渡し時期を判決確定後から起訴時に改めただけでなく、起訴前の身柄引き渡しにも道を開く条項が盛り込まれました。「合衆国の軍当局は、特定の事件における大韓民国の当局の身柄の引き渡しの要請に対し、好意的な考慮を払う」（韓米地位協定合意議事録）という条項です。

ところが、この条項を骨抜きにするような決まりが同時に結ばれていました。

それは、「拘禁の引き渡し後、二四時間以内に起訴されなければ釈放しなければいけない」（韓米合同委員会の合意事項）というものです。これでは、被疑者を逮捕して十分な捜査を行うことは難しく、起訴前の身柄引き渡しは事実上不可能です。

それから約一〇年後、韓国はこの不条理な決まりを廃止することに成功します。契機となったのは、やはりある米兵による凶悪事件でした。

二〇一一年九月二四日、京幾道（キョンギド）・東豆川（ドンドゥチョン）のアパートに深夜米兵が侵入し、テレビを見ていた一八歳の女子大生を刃物で脅して強姦したのです。

米兵は抵抗する女性を殴打し、ライターの火で火傷（やけど）させたうえ、三時間にわたって暴行を繰り返しました。さらに、同月一七日未明には、ソウルの麻浦（マポ）区でも米兵がアパートに侵入し、寝ていた一八歳の女性を強姦してノートパソコンを盗む事件が発生します。

相次ぐ未成年女性に対する強姦事件に、韓国国民の怒りは爆発し、再び地位協定改定を求める世論が高まります。それを受けて韓国政府は、起訴前でも韓国の捜査機関が被疑者の身柄を押さえて十分な初動捜査を行えるよう、運用ルールを見直すことをアメリカ側に要求します。

その結果、翌二〇一二年五月二三日の韓米合同委員会で、起訴前の身柄引き渡しを事実上不可能にしていた「二四時間以内起訴ルール」を廃止することが合意されました。

これにより、現在は、少なくとも一二種の犯罪については起訴前の身柄引き渡しが現実的に可能となっています。

実際、二〇一三年三月、ソウルの梨泰院で市民に向けてBB弾（モデルガンのプラスチック製の弾）を撃っていた米兵が警察の検問に応じず、逃亡を図る事件が発生した際、在韓米軍は韓国側の求めに応じ、初めて起訴前に被疑者の米兵の身柄を引き渡しました。

一方、日本の一九九五年の合同委員会合意では、起訴前の身柄引き渡しについてアメリカ側が「好意的な考慮を払う」としているのは、殺人と強姦に限られています。その他の犯罪については、日本側の見解を「十分に考慮する」と書かれているだけです。

この点だけをとっても、日本政府の「日米地位協定が最も有利」という主張は事実と異なっています。

一九六六年の締結当初は日米地位協定よりも不利だった韓米地位協定ですが、その後の数次にわたる改定と運用見直しにより、現在は日米地位協定よりも有利な運用を勝ち取っています。

在日米軍身柄引き渡しの実態

日本政府は、一九九五年の「運用改善」で、殺人と強姦の場合は起訴前に被疑者の身柄の引き渡しが可能になったことをもって、「受入国にとって最も有利な」地位協定とアピールしてきました。

では、その運用の実態はどうなっているのでしょうか。

外務省のウェブサイトによれば、一九九五年の合同委員会合意に基づいて日本政府がアメリカ側に起訴前の身柄引き渡しを要請した事件は、この二五年余りでたったの六件です（七一ページの表）。そのうち五件では実際に起訴前に被疑者の身柄が引き渡されましたが、アメリカ側が拒否したケースも一件ありました。

二〇〇二年に沖縄県具志川市（現うるま市）で起こった米海兵隊少佐による女性暴行未遂事件では、沖縄県警が「未遂であっても女性暴行は凶悪犯罪以外の何ものでもない。身柄がアメリカ側の手中になければ、当然に逮捕状を執行している犯行」として起訴前の身柄引き渡しのための日米合同委員会開催を要請しました。これを受けて、日本政府は日米合同委員会で起訴前の身柄引き渡しを要求しましたが、アメリカ側は理由を示さずにこれを拒否しました。

「運用改善」の限界が浮き彫りになる事態に、沖縄県の稲嶺惠一知事は「強い憤りを感じるとともに、あらためて日米地位協定の抜本的な見直しが必要だと痛感」とコメントしました（「琉球新報」二〇〇二年一二月六日）。

また、沖縄県警が起訴前の身柄引き渡しを求めても、日本政府がアメリカ側に要請しなかったケースもあります。

二〇〇一年に沖縄県北谷町で発生した連続放火事件で、沖縄県警は「うっぷん晴らしで火をつけた」と供述する米海兵隊兵長の逮捕状をとり、日本政府に身柄引き渡しの要請をするよう求めました。しかし、日本政府は、殺人と強姦以外の犯罪はアメリカ側に拒否される可能性が高いと判断し、起訴前の身柄引き渡しの要請をしませんでした。

一方、那覇地検は県警による書類送検の二日後に起訴。容疑者の海兵隊兵長の身柄は、日米地位協定に基づいて日本側に引き渡されました。日本政府は、那覇地検に異例の早さで起訴させることで、県民の批判が高まることを抑えようとしたのです。

しかし、一九九五年の日米合同委員会合意は、殺人と強姦以外の犯罪の場合は起訴前の身柄の引き渡しはしないと決めているわけではありません。「好意的な考慮を払う」と明記しているのは殺人と強姦の場合ですが、「日本国が考慮されるべきと信ずるその他の特定の場合」についても、日本が起訴前の身柄の引き渡しを要請したら「十分に考慮する」としています。

起訴前の被疑者の身柄引き渡しが問題になったいくつかの事件を受けて、二〇〇三年から二〇〇四年にかけて、この問題に関して日米間で交渉が行われました。

交渉では日本側が、一九九五年の合意で起訴前の身柄引き渡しを「十分に考慮する」とした「その他の特定の場合」の明確化を求めました。それに対しアメリカ側は、被疑者の人権保護の観点から、日本の捜査機関による取り調べ時の「アメリカ政府関係者の立ち会い」を要求。それが受け入れられないのであれば、あらゆる事件について、起訴

1995年の日米合同委員会合意により、起訴前の拘禁移転を要請した事件

1996年7月16日	長崎県　強盗殺人未遂事件（起訴前身柄引き渡し）
2001年6月29日	沖縄県　婦女暴行事件（起訴前身柄引き渡し）
2002年11月2日	沖縄県　婦女暴行未遂、器物損壊事件（起訴前身柄引き渡し拒否）
2003年5月25日	沖縄県　婦女暴行致傷事件（起訴前身柄引き渡し）
2006年1月3日	神奈川県　強盗殺人事件（起訴前身柄引き渡し）
2008年3月19日	神奈川県　強盗殺人事件（起訴前身柄引き渡し）

（日付は事件発生日）

出所：外務省

前の身柄引き渡しに今後は応じられないと示唆したといいます。

交渉は難航しましたが、最終的に、アメリカ側が起訴前の身柄引き渡しに応じた場合、または日本側がその要請をする可能性がある場合に限って、取り調べにアメリカ政府関係者が立ち会うのを認めることで合意し、日米合同委員会合意として二〇〇四年に明文化されました。

一方、日本側が求めた「その他の特定の場合」の明確化については、「いかなる犯罪も排除するものではなく、日本政府が個別の事件に重大な関心がある場合は、拘禁の移転を要請することができる」と口頭で確認されただけでした。

これには、与党・自民党の国会議員の中からも「(日本側には利点がないまま)ただで米国の一番欲しいものをくれており、外務省の失態だ。白紙撤回を求めねばならない」(河野太郎衆院議員)と厳しい批判があがりました(「琉球新報」二〇〇四年四月二四日)。

結局、その後も、殺人と強姦以外の犯罪で起訴前の身柄引き渡しが実現したケースは一度もありません。

二〇一三年一月一五日、沖縄の地方紙「琉球新報」は朝刊一面のトップで、「女性暴行　八割逮捕せず」という見出しの記事を大きく掲載しました。

同紙が入手した警察庁の資料によれば、一九九五年の日米合同委員会合意で米兵らによる強姦罪が起訴前の身柄引き渡しの対象とされているにもかかわらず、一九九六年から二〇一一年の間に強姦容疑で摘発された米兵三五人中、八割強に当たる三〇人が逮捕されず、不拘束で事件処理されていたことが明らかになったというのです。

また、同期間に摘発された凶悪犯（殺人、強盗、放火、強姦）の米兵被疑者一一八人のうち、約半数に当たる五八人が不拘束で事件処理されていました。

この実態について、同紙は「米軍関係者による凶悪犯罪が積極的に公表されず、日米地位協定の一九九五年の運用改善で勝ち得たはずの権利すら行使されていない背景には、主権を主張するよりも米側との対立をなるべく避けようとする日本政府の消極的な姿勢がある」と指摘しています。

「主権を主張するよりも米側との対立をなるべく避けようとする」という指摘は、まさにその通りです。他方、先ほど紹介した韓国の事例からは、アメリカとの同盟関係を重視しながらも、主張すべきことは主張し、自国の主権を最大限実現しようとする緊張感が伝わってきます。

裁判権を九九％放棄しているドイツ

外務省のウェブサイトでは、ドイツが結んでいる「ボン補足協定」とも比較しています。

ドイツにおけるNATO諸国軍の地位についての詳細規定を定めているボン補足協定では、派遣国は判決の確定まで被疑者を拘禁できることになっています（同協定には、ドイツによる移転要請に派遣国は好意的考慮を払うとの規定もありますが、そもそもドイツは、同協定に従い、ほとんど全ての米軍人による事件につき第一次裁判権を放棄しています。）。（外務省ウェブサイト「刑事裁判手続に関する運用の改善」）

NATO地位協定では、受入国が起訴する時まで、被疑者の身柄は派遣国側が確保することとされています。これは、日米地位協定と同じ規定です。ところが、ドイツに駐留するNATO諸国軍の地位の詳細について定めているボン補足協定では、派遣国は判決確定時まで被疑者を拘禁できることになっているのです。

ただ、ボン補足協定には、派遣国は「（被疑者の）拘禁者をいつでもドイツの当局に引き渡すことができる」「特定の場合においてドイツの当局がそれを要請したすべての拘禁者の引き渡しに対して、好意的な配慮を行う」という規定もあります（第二二条）。つまり、ドイツは〝いつでも〟身柄の引き渡しを要請でき、要請があれば派遣国側は前向きに検討しなければいけないと協定に明記しているのです。

〈ボン補足協定　第二二条二項〉

(a)ドイツの当局が逮捕を行った場合であって、兵力派遣国の当局からの要請があるときは、被逮捕者を当該派遣国に引き渡すものとする。

(b)兵力派遣国の当局が逮捕を行ったとき、または被逮捕者が本項(a)号に基づいて派遣国の当局に引き渡されたときは、同当局は、

i拘禁者をいつでもドイツの当局に引き渡すことができる。

ii特定の場合においてドイツの当局がそれを要請したすべての拘禁者の引き渡しに対して、好意的な配慮を行う。

この点では、アメリカ側が起訴前の身柄引き渡しに「好意的な配慮を払う」ケースを殺人と強姦に限定している日本よりも有利だと言えます。

ただ、外務省の説明にあるように、ドイツは米兵らによる事件のほとんどすべてで裁判権を放棄しているため、実際に被疑者の身柄の引き渡しを受けたケースはほとんどありません。

筆者(布施)が米陸軍法務総監事務所から入手した統計資料によれば、二〇〇六年一二月一日から二〇〇七年一二月三〇日までの約一年間に米陸軍兵士が公務外に起こした

主要な刑事事件二一五七件のすべてについて、ドイツは裁判権を放棄しています。
また、日本政府が一九九五年に行った国会答弁の中でも、「我が方が入手している統計資料によりますと、最近五年間では、九九％以上ドイツは一次裁判権を放棄している（中略）さらにアメリカ側が拘禁している被疑者の身柄を引き渡しの要請をして引き渡しを受けたというケースというのは、この十年では皆無」であることを明らかにしています。（一九九五年一〇月二〇日、衆議院外務委員会）
いったいなぜ、ドイツは米兵犯罪のほとんどすべてで裁判権を放棄しているのでしょうか。
その理由は、ドイツ側に第一次裁判権がある場合でも、ドイツは原則として裁判権を放棄し、米兵の処分はアメリカ側にゆだねるという規定（第一九条）がボン補足協定にあるからです。

〈ボン補足協定　第一九条一項〉
裁判権が競合する場合に兵力派遣国の要請があるときは、ドイツ連邦共和国は、NATO軍地位協定第七条第三項(b)号によりドイツ当局に認められる第一次的権利を、同協定第七条第三項(c)号の枠内で、かつ本条第二項、第三項、第四項および第七項の規定に従うことを条件として、当該兵力派遣国のために好意的に放棄する。

ＮＡＴＯ地位協定では公務外の事件についてはドイツ側に第一次裁判権があるのに、それを原則放棄するという、なんとも理不尽な約束をさせられてしまっているのです。

ただ、ボン補足協定には、ドイツ側が裁判権の行使が必要であると考えた場合には、裁判権の放棄を撤回（recall）できるという規定もあります。

しかし、実際の運用では、ドイツが裁判権の放棄を撤回することはほとんどありません。

「なんだ、ドイツの協定は日米地位協定よりも酷いじゃないか」と思った人も多いと思います。この点に限れば、まったくその通りです。

日本の「裁判権放棄」の実態は

日米地位協定にも、裁判権放棄について定めた条項があります。

〈日米地位協定　第一七条三項(c)〉

第一次の権利を有する国の当局は、他方の国がその権利の放棄を特に重要であると認めた場合において、その他方の国の当局から要請があったときは、その要請に好意的考慮を払わなければならない。

ドイツのボン補足協定は第一次裁判権の原則放棄を定めていますが、日米地位協定では、放棄要請に対する「好意的考慮」を義務付けているだけです。「好意的考慮」とは前向きに検討するという意味です。

それでは日本は、どれだけ第一次裁判権を放棄しているのでしょうか。

日本政府は、第一次裁判権を放棄した件数を公表していません。しかし、筆者（布施）が米陸軍法務総監事務所から入手した統計資料によると、二〇〇六年一二月一日から二〇〇七年一二月三〇日までの約一年間に米陸軍兵士が公務外に起こした主要な刑事事件四四件のうち、日本が裁判権を放棄したとされるのは一七件です。放棄率は約三九％です。

前出のドイツと比べて全体の件数が少ないのは、日本は米陸軍兵士の駐留数が少ないからだと思われます。

実は、今から六八年前の一九五三年に、日本政府はアメリカ政府に対し、重要事件以外は第一次裁判権を行使しないと密か（ひそ）に約束していました。

一九五三年一〇月二八日に開催された日米合同委員会の刑事手続きについて協議する分科会で、日本側代表の津田實（みのる）法務省刑事局総務課長がアメリカ側に次のように伝え、その議事録に署名したのでした。

私は、方針として、日本国の当局が日本国にとって実質的に重要であると考えられる事件以外については、合衆国軍隊の構成員若しくは軍属又はそれらの家族で合衆国の軍法に服する者に対し、裁判権を行使する第一次の権利を行使する意図を通常有しない旨述べることができる。この点に関して、私は、日本国の当局がいずれの事件が日本国にとって実質的に重要であるかを決定するに当たり専権を有することを指摘しておきたい。（一九五三年一〇月二八日、行政協定裁判権小委員会刑事部会）

ずっと秘密にされてきたこの議事録（「裁判権不行使密約」）の存在が明らかになったのは、二〇〇八年のことでした。国際問題研究者の新原昭治氏がアメリカの国立公文書館で発見しました。

しかし、その後も日本政府は議事録の存在を認めませんでした。二〇〇九年に自民党を中心とした政権から民主党を中心とした政権に交代したのが契機となり、二〇一一年になってようやく議事録の存在を認めて公表しました。

日本政府は長らくこの議事録の存在を秘密にしてきましたが、一九六三年一一月二八日の「読売新聞」朝刊に興味深い記事が載っているのを見つけました。

記事には「米駐留軍犯罪の裁判権　日本、放棄しすぎる」という見出しがつけられています。アメリカの議会（上院軍事委員会）に提出された報告書によると、米軍の駐留を受け入れている国々での第一次裁判権放棄率の平均が約六〇％なのに対し、日本は九〇％以上の事件で裁判権を放棄している、と報じています。この報告書を作成した担当者の「日本の当局はあまりに丁重で、米人を裁判にかけたがらないので、米軍司令部はかえって当惑している」とのコメントも紹介しています。

八一ページの表は、一九五〇年代から一九七〇年代にかけて米上院軍事委員会に提出された報告書に記載されていた日本の「裁判権放棄率」の推移です。徐々に放棄率は低くなっているものの、日本側が第一次裁判権を持つ事件の大半を放棄している実態が示されています。

また、二〇〇一年にイギリスで出版された地位協定に関する本（"The Handbook of the Law of Visiting Forces" オックスフォード大学出版）の中で、在日米軍司令部の首席法務官が「日本は非公式な合意を結んで、『特別な重要性』がない限り第一次裁判権を放棄することにした。日本はこの合意を忠実に実行してきている」と記しています。ドイツほどではないにせよ、日本も多くのケースで第一次裁判権を放棄してきたのです。

ちなみに、先ほど、米陸軍の統計で日本の裁判権放棄率（二〇〇六年一二月一日から

	日本が第一次裁判権を持つ米兵等の犯罪	裁判権放棄・不行使・釈放	放棄等の比率
1954年	3050	2915	95.6%
1957年	4104	3969	96.7%
1963年	3433	3090	90.0%
1965年	1983	1686	85.0%
1969年	2503	2074	82.9%
1971年	2424	1822	75.2%

※アメリカ上院軍事委員会地位協定小委員会に提出された報告資料（新原昭治氏が入手）を基に作成

二〇〇七年一二月三〇日まで）が約三九％であったと書きましたが、同じ期間のイギリスの裁判権放棄率は約一〇％、オランダは六七％、韓国は約四四％となっています。

米兵犯罪の統計を廃棄してきた日本政府

米軍関係者が被疑者となった刑事事件の起訴率を見れば、日本の検察当局が米軍関係者を「特別扱い」していることは明らかです。

日本の検察は毎年、米軍関係者による事件の処理に関する統計を作成していますが、公表してきませんでした。

筆者（布施）は、「裁判権不行使密約」の存在が明らかになった二〇〇八年、その運用実態を調べるために米兵犯罪関連の検察統計を法務省に情報公開請求しました。

秘密議事録が作成された一九五三年以降のすべての統計資料を請求しましたが、この文書の保存期間が一年となっていたため、当初は二〇〇八年の一年分しか開示されませんでした。その後、保存期間が過ぎていた文書がたまたま残っていたとして、二〇〇一年から二〇〇七年の七年分も追加で開示されました。しかし、一九五三年から二〇〇〇年までの四八年分は廃棄されて残っていないということでした。

地位協定で特権を与えられた外国軍隊の関係者が日本国内で起こした犯罪について、日本側でどれだけ起訴したか、あるいは不起訴にしたかというのは、日本の主権にかかわる重要な情報です。その情報が記された統計資料を、法務省が「保存期間一年」に指定し、過去のものは残していないことを知った時、筆者は愕然（がくぜん）としました。

開示された二〇〇一年から二〇〇八年の統計を見ると、現在も密約が生きていることは明白でした。

この八年間の米軍関係者による一般刑法犯の起訴率は一七・五％と、日本全体での起訴率四八・六％の半分以下となっています。

罪種別でみても、強姦事件は三一件中二三件が不起訴で起訴率は二六％（日本全体は六二％）、強制わいせつは一九件中一七件が不起訴で起訴率一一％（日本全体は五八％）、傷害・暴行は二三八件中一七四件が不起訴で起訴率二七％（日本全体は五八％）、窃盗は五一一件中四七四件が不起訴で起訴率は七％（日本全体は四五％）となっています。比較的起訴率が高い殺人（七五％）と強盗（七二％）を除いて、いずれも日本全体と比べて極めて低い起訴率となっていました。

筆者はこの後も、毎年、この統計資料の開示請求を続けています。二〇〇一年から二〇二〇年までの二〇年分を集計したのが八五ページの表です。

この二〇年間の米軍関係者による一般刑法犯の起訴率は一七・六％と、日本全体での起訴率四三・三％の半分以下となっています。

アメリカにとって「裁判権放棄」は最優先事項

そもそも、なぜアメリカは、ここまで裁判権放棄条項に固執するのでしょうか。

その理由は、一九五三年にアメリカ議会でＮＡＴＯ地位協定がなかなか批准されなかったことと関係しています。

同協定がアメリカ上院で批准された時、付帯決議が採択されました。この付帯決議では、派遣された国でアメリカの憲法が被疑者に保障する権利が守られない危険があると駐留米軍の司令官が判断した場合、その国に裁判権の放棄を要請しなければならないと述べています。もし、その国が裁判権の放棄を拒否した場合は、国務省が外交ルートを使って強く放棄を要請しなければならないとも述べています。

当時の上院には、米兵が外国の〝劣った司法制度〟の下で裁判にかけられることに強く反発する有力議員がおり、ＮＡＴＯ地位協定がなかなか批准されなかった原因となっていました。アメリカ政府は、このような付帯決議を付けることを条件に、彼らを説得したのです。

国家の命令で外国に派遣された兵士が、アメリカよりも〝劣った〟外国の司法制度の下で裁かれるのは認めがたいという考えは、当時のアメリカの軍部や政治家たちの中に根強くありました。

2001年～2020年の在日米軍人らによる
一般刑法犯の起訴・不起訴件数と起訴率

	起訴	不起訴	起訴率
2001年	22	123	15.2%
2002年	24	153	13.6%
2003年	31	174	15.1%
2004年	36	153	19.0%
2005年	33	126	20.8%
2006年	30	112	21.1%
2007年	23	95	19.5%
2008年	19	124	13.3%
2009年	27	98	21.6%
2010年	17	123	12.1%
2011年	13	85	13.3%
2012年	30	81	27.0%
2013年	17	77	18.1%
2014年	10	54	15.6%
2015年	17	78	17.9%
2016年	14	69	16.9%
2017年	17	74	18.7%
2018年	10	55	15.4%
2019年	22	57	27.8%
2020年	10	64	13.5%
合計	422	1975	17.6%

※検察統計報告「合衆国軍隊構成員等犯罪事件人員調」を基に集計
※一般刑法犯とは、刑法犯から自動車による過失致死傷等を除いたもの。

ＮＡＴＯ地位協定が批准・発効した後に、米兵に対して刑事裁判権を持つ国への米軍派遣を禁止する法案が提出されたこともあります。法案を提出した共和党の議員は「自分の意思に反して招集され同意なしに外国へ派遣されるアメリカ軍将兵が外国の法律を犯したかどでその国の当局に引渡され、憲法に定められた権利を奪われるようなことがあってはならない」とコメントしました（「読売新聞」一九五五年五月二〇日、ＡＰ電）。

こうしたなかで、地位協定上は表向き、公務外の事件では受入国に第一次裁判権を認める一方、実際の運用では可能な限り裁判権を放棄させてアメリカ側の裁判権行使を最大化するというのが、米軍を海外に駐留させる上での最優先の方針となります。

この方針は現在も変わっておらず、「地位協定またはその他の取決めの許す範囲でアメリカ側の裁判権行使を最大化する」（二〇一九年五月、国防総省命令５５２５・０１）としています。

これらが、アメリカが受入国側の裁判権放棄を担保する取り決めに固執する理由です。前出のアメリカ国務省諮問委員会の「地位協定に関する報告書」でも、地位協定の中で刑事裁判権はアメリカにとって最も優先度の高い条項だと強調しています。

それは、単に外国で罪に問われた米兵らの人権を保護するのに必要なだけではなく、米兵らが外国の不公正な司法制度に晒された場合、政府が国民の支持を得て海外に軍を展開するという意欲が大きく後退しかねないからだと述べます。

そして、新たに地位協定を締結する際は、できれば専属的裁判権を獲得し、最低でもNATO地位協定と同様の競合裁判権方式を確保するべきだとしています。

さらに、NATO方式で受入国側が第一次裁判権を持つ事件についても、特に重要なケースを除いて第一次裁判権を自動的に放棄するという「オランダ・フォーミュラ」と呼ばれる協定を結ぶことで、アメリカは裁判権を確保していると記しています。オランダは、一九五四年にアメリカと結んだ交換公文で、特に重要なケースを除いて第一次裁判権を放棄することで合意しました。日本の「裁判権不行使密約」も、この「オランダ・フォーミュラ」の〝変形版〟の一つと言えるでしょう。

駐留米軍の条件は「最低でもNATO方式」

それでは、受入国からNATO方式すら拒否された場合、アメリカはどう対応するのでしょうか。

過去に、そのような事例がありました。

一つは、一九七〇年代のタイです。

ベトナム戦争中、タイは米軍の最大の出撃拠点となりました。北ベトナムへの爆撃を行ったB52爆撃機の約八割は、タイ国内の米軍基地から発進したと言われています。

米軍がベトナムから撤退した一九七三年、タイでは「学生革命」と呼ばれる政変で軍事独裁政権が倒れます。一九七五年の自由選挙で誕生したククリット政権は中立外交を掲げ、「一年以内の米軍撤退」を表明します。

アメリカは、タイ軍の「訓練」を名目に、四〇〇〇人規模の米軍を残留させることを提案します。タイ側もこれに同意しますが、ククリット政権は「残留米兵には特権を認めない。タイの法律に従ってもらう」と条件をつけました。

これに対しアメリカ政府は、「(米兵への) 刑事裁判権をタイ政府が握るのなら、米軍を同国から完全撤退させる以外にない」との結論を出します。結局、一九七六年七月、約五万人いたタイ駐留米兵は二六三人の軍事顧問団だけを残して完全撤退します。基地もすべて返還されました。

これと同じようなことが起こったのが、二〇一一年のイラクです。

アメリカはイラクと二〇〇八年に地位協定を締結しました。この協定の正式名称は「イラクからの米軍の撤退と米軍の一時的駐留期間の活動に関する協定」となっているように、二〇一一年末までに米軍が撤退することを明記した上で、それまでイラクに駐留する米軍の法的地位を定めたものです。

しかし、アメリカは二〇一二年以降も、イラク軍を訓練するという名目で六〇〇〇人規模の米兵を引き続きイラクに駐留させようと目論(もくろ)みます。イラク側もこれに同意し、駐留延長に向けた交渉に入ります。

アメリカ側は、イラクに残る「訓練教官」に、それまで通り刑事免責特権を認めることを強く要求します。これをイラク側に受け入れさせるために政府高官や軍の幹部を次々とイラクに送り込みますが、イラク側は最後までこれを拒否します。当時のイラク政府は米軍駐留継続の必要性は認めていましたが、米兵に刑事免責特権を与えることには議会内そして世論の反発が強く、とても容認できない政治状況だったのです。

一方、「最低でもNATO方式」を海外駐留の基本方針とするアメリカ政府も妥協できませんでした。イラク政府と米軍の一部残留について大詰めの協議を行っていた二〇一一年九月、マリキ首相と電話会談を行ったバイデン米副大統領は、こう語りました。

「このままでは、史上初めて不完全な免責のままで米兵を海外に駐留させることになる。我々は、米兵を免責なしでイラク国内に駐留させることには同意しない」

結局双方が譲歩しないまま交渉は決裂し、アメリカは四万人超のイラク駐留米軍を二〇一一年末までに完全撤退させました。

つまり、受入国が完全な属地主義を主張し、公務中の事件に対しても刑事免責特権が認められない場合が、アメリカにとっての〝レッドライン〟ということです。

もちろん、イラクからの米軍の撤退は、イラクとアメリカの関係の終焉を意味しませんでした。オバマ米大統領は、イラクからの米軍撤収に当たり、「主権国家間の正常な関係、対等なパートナーシップという新時代の幕開けだ」と語りました。

この言葉が示すように、一つの主権国家に外国の軍隊がさまざまな特権を有して駐留している状態は、主権国家間の「正常な関係」とは言えないのです。このことを自覚している人が、日本にはどれほどいるでしょうか。

第二章

基地管理権

米軍の運用に日本政府の権限が及ばないのは当然なのか

米軍基地の管理権について定めた日米地位協定第三条は、基地における米軍の活動について、「公共の安全に妥当な考慮を払って行なわなければならない」（第三項）としています。このようにうたっているのは、軍隊の活動が時に公共の安全を脅かす危険性があるからです。

代表的なものは、航空機の墜落です。

一九六八年一一月一九日未明、ベトナムに向けて嘉手納基地（沖縄県）を出撃したB52戦略爆撃機が離陸に失敗し、基地内に墜落しました。搭載していた爆弾に引火して、機体は爆発・炎上。爆風などにより住民一六人が負傷し、近くの小学校も含めて三六五棟の建物が被害を受けました。

このように瞬時に住民の命を脅かすのが航空機事故ならば、緩慢な形で住民の命を脅かすのが環境汚染です。

沖縄の深刻なPFOS汚染

二〇二〇年四月一一日、普天間基地（沖縄県）で消火装置が誤作動して航空機燃料用の泡消火剤が大量に漏れ出し、基地の外にも飛散する事故が起こりました。泡消火剤には、発がん性があるとされ国際条約で製造・使用が制限されている有害化学物質「PFOS（ピーホス）」が含まれていました。

この事故以前にも、普天間基地や嘉手納基地で泡消火剤の漏出事故がたびたび発生していたことが、ジャーナリストのジョン・ミッチェル氏の調査で明らかになっています。沖縄県は二〇一六年、嘉手納基地周辺を流れる川やそれを水源とする浄水場からPFOSが高濃度で検出されたと発表しました。

沖縄だけではありません。二〇〇二年には、キャンプ座間（神奈川県）にある焼却炉の排煙から、日本の環境基準を最大で約四倍上回るダイオキシンが検出されていたことが明らかになりました。キャンプ座間では二〇〇六年にも、焼却炉の燃料に使う軽油が地下埋設管から大量に漏れ出し、近くの川に流出するという事故が発生しています。

このように米軍基地から有害物質が付近の川や大気中に排出されれば、周辺に暮らす住民の健康に重大な影響を及ぼす危険性があります。

沖縄県は、嘉手納基地周辺を流れる川や浄水場からPFOSが検出されたのを受けて、同基地への立ち入り調査を米軍に申請しました。

二〇一五年に日米両政府が締結した日米地位協定の「環境補足協定」では、米軍基地で「環境に影響を及ぼす事故（漏出）が現に発生した場合」、日米合同委員会が定めた手続きに基づいて日本の当局が基地に立ち入ることができるとされています。しかし、立ち入るためには米軍の承認が必要です。

結局、前述の沖縄県の申請に対し、米軍は立ち入り調査を認めませんでした。基地内で発生した泡消火剤の漏出事故と川や浄水場の汚染との因果関係も認めませんでした。

その後、二〇二〇年四月に普天間基地で泡消火剤の漏出事故が発生すると、沖縄県は改めて立ち入り調査を申請しました。

この時は、基地近くの川の水面に泡消火剤の白い泡が大量に浮かび、周辺の市街地の空中にも泡が舞うような状況だったため、米軍も基地外への汚染の拡散を認めざるをえず、立ち入り調査を認めました。米軍基地への立ち入り調査が認められたのは、二〇一五年に環境補足協定が締結されて以降、これが全国で初のケースとなりました。

しかし、沖縄県が求めた現場周辺の土壌のサンプル採取については、米軍はすぐに認めませんでした。逆に、泡消火剤が漏れ出した格納庫近くの土壌を地面から約一五センチの深さまで掘って撤去してしまいました。沖縄県は撤去した土壌の提供を求めましたが、それにも応じませんでした。

このケースは、米軍基地が日本国内でありながら日本の行政権が及ばない〝治外法権ゾーン〟であることを、改めて浮き彫りにしました。

基地にいつでも立ち入ることができるドイツ

一方、ドイツでは、連邦、州、市町村の各当局がドイツの利益を守るために必要だと判断した場合は、事前通告をして立ち入ることができます。緊急の場合には、通告なしでも立ち入ることができます。

ドイツ最大の米軍基地があるラムシュタイン・ミーゼンバッハ市の市長は、沖縄県の調査に対し、次のように話しています。

市長や市の職員には年間パスが支給されており、適切な理由があれば基地内への立ち入りは可能である。一度に入れる人数や時間帯について制限はあるが、これまで市の立入りが認められなかったことはない。（沖縄県「他国地位協定調査報告書（欧州編）」）

日本とドイツの状況がこれだけ違うのは、地位協定の米軍基地の管理権に関する条項が大きく異なっているからです。

日米地位協定は、米軍基地の管理権について、次のように定めています。

〈日米地位協定　第三条（抜粋）〉
合衆国は、施設及び区域内において、それらの設定、運営、警護及び管理のため必要なすべての措置を執ることができる。

外務省の部内解説書「日米地位協定の考え方　増補版」は、このアメリカの権限について、「施設・区域について米側が排他的使用権を有していることを意味する」と解説しています。つまり、米軍基地内ではアメリカが独占的に管理権を持ち、日本の行政権は及ばないということです。
一方、ドイツのボン補足協定ではこうなっています。

〈ボン補足協定　第五三条一項（抜粋）〉
軍隊又は軍属構成員は、その排他的な使用に提供される施設区域内において、その防衛の任務を十分に遂行するために必要とされるすべての措置を執ることができる。当該施設区域の使用についてはドイツの法令が適用される。

米軍が基地内で「すべての措置を執ることができる」としている点は同じですが、ボン補足協定はドイツの国内法適用を明記しています。基地内であっても、ドイツの「領域主権」の例外にはなっていない、つまり、日本のように〝治外法権ゾーン〟ではないということです。

ボン補足協定は、東西ドイツ統一後の一九九三年に大きく改定されました。ドイツの国内法適用が明記されたのも、この時です。

一九九三年の改定では、「環境条項」（第五四条A）も新設され、ドイツに駐留するNATO軍のすべての行動計画について、人間、動植物、土壌、水、空気、気候、文化財などの環境に重大な影響を与えないかアセスメントの実施を義務付けています。また、基地で使用する燃料やその他の添加剤等は、ドイツの法令に従い有害物質含有量の少ないものを用いなければならないと定めています。

新型コロナウイルス感染拡大と日米地位協定

米軍基地が日本の法令や日本政府の行政権が及ばない〝治外法権ゾーン〟になっていることの弊害は、二〇二〇年来の新型コロナウイルス感染症のパンデミック（世界的大流行）でも浮き彫りになりました。

米兵の多くは、米軍基地から直接日本に入国します。その場合、日米合同委員会合意（一九九六年一二月二日「人、動物及び植物の検疫に関する合意」）によって日本の当局による検疫から免除されています（検疫は米軍が実施）。

日本政府は海外からの新型コロナウイルスの流入を防止するため、外国から日本に渡航した人全員にＰＣＲ検査と一四日間の隔離を義務付けました。しかし、直接米軍基地から入国する米軍関係者に対しては、この措置を適用できませんでした。

米軍は、沖縄の米軍基地で一〇〇人を超える感染者が発生した二〇二〇年七月まで、発熱などの症状がある場合を除いて日本到着時のＰＣＲ検査を実施していませんでした（一四日間の隔離は実施）。

このように、日米地位協定と関連の取り極めがあるために、日本に入国する米軍関係者がウイルスを持ち込むリスクに日本政府は何も手を打つことができませんでした。

一方、ドイツのボン補足協定では、「人間、動物及び植物の伝染病の予防及び駆除並びに植物害虫の繁殖予防及び駆除に関しては、ドイツの法規及び手続きが軍隊及び軍属に対しても適用される」（第五四条一項）と定められ、米軍人や軍属にもドイツの検疫に関する法令が適用されることを明記しています。

この点でも、日本とドイツの状況は大きく異なっています。

日本では危険な低空飛行も規制なし

左ページの写真は、二〇二一年二月四日に鹿児島県の奄美大島（あまみおおしま）で撮影された写真です。

高さ107mの風車よりも低い高度で低空飛行する米海兵隊MV22
オスプレイ　　　　　　　　　　　　2021年2月4日（上島啓氏提供）

山の上に立つ風力発電所の風車の横を、四機の米軍オスプレイが飛行しています。この風車の地面から羽根の先端までの高さは一〇七メートルあります。

日本の航空法では、人や家屋が密集している地域では周辺の最も高い建物から三〇〇メートル、それ以外の地域では地表から一五〇メートルが「最低安全高度」に定められており、これより低い高度を飛行することは禁止されています。米軍オスプレイの飛行は、明らかにこの規定に違反しています。

しかし、米軍機には航空法による「最低安全高度」の規制は適用されません。「日米地位協定の実施に伴う航空法の特例に関する法律」(航空特例法)があり、適用が免除されているためです。

米軍は、こうした低空飛行訓練を日本各地で行っています。

日本では一九八〇年代から、各地で米軍機の低空飛行が急増しました。これにより、騒音問題だけではなく、しばしば事故も引き起こされるようになりました。

一九八七年には、奈良県十津川村で低空飛行訓練中の米軍機が木材運搬用のケーブルを切断する事故が起きました。同村では一九九一年にも、再び米軍機によるケーブル切断事故が発生します。一回目の事故の教訓がまったく生かされずに、同じ事故が再発してしまったのです。

「朝日新聞」が米軍に情報公開請求をして入手した一九九一年の事故の調査報告書によ

って、米軍が東北、中部、近畿、四国の山間部に、それぞれ「グリーン」「ピンク」「ブルー」「オレンジ」と名付けた四つの低空飛行訓練ルートを設定していることが発覚しました（「朝日新聞」一九九四年七月二五日）。

そして、一九九四年一〇月一四日には、その「オレンジ」ルートで低空飛行訓練を行っていた厚木基地所属の米海軍攻撃機Ａ６Ｅイントルーダーが高知県北東部の早明浦（さめうら）ダムの湖面に墜落し、乗員二人が死亡する事故が発生します。ダムの五〇〇メートル〜一キロ上流には保育園や小・中学校もあり、一歩間違えば大惨事になりかねませんでした。

この地域ではそれまでも低空飛行訓練が頻繁に行われ、早明浦ダムを標的にするようにダム堤体に向かって急降下する低空飛行がたびたび目撃されていました。住民は突然襲ってくるジェット機の爆音におびえ、爆音に驚いた家畜の牛が転落して死んだこともあったといいます。そのため、地元自治体は再三、日本政府と米軍に対して訓練の中止を要請していました。

この事故で米軍がまとめた事故調査報告書には、米軍は前出の四つの低空飛行訓練ルートに加えて「ブラウン」「イエロー」「パープル」「北方」の四つのルートも設定していることが新たに判明しました。

さらに、この報告書には米軍の低空飛行訓練ルートについて述べた在日米海軍司令官作成の内部文書が収録されており、次のように記されていました。

航法訓練ルートは、第五空母航空団と第一海兵航空団とが日本駐留中の低高度航法訓練を円滑に行わせるために開発した低高度航法ルートである。これらルートは、日本の航空局によって認知もされておらず、公表もされていない。そういうわけだから、民間航空の操縦士たちに通告する正式の方法もないし、このルートに沿って飛行する場合の障害物や危険について、これを新しい日付のものに更新する方法もない。「目で見て、避けろ」、これがこれらのルートを飛行する場合、特別に重要となるのである。(「在日米海軍司令官覚書」一九九四年三月一四日)

驚くべきことに、米軍は日本政府の了解を得ることもなく勝手に日本の空に低空飛行訓練ルートを設定し、パイロットに障害物は「目で見て、避けろ」と命じて訓練を行っていたのです。

この内部文書は、「目で見て、避けろ」と言いながら、奈良県十津川村で二回発生したケーブル切断事故について、「伐採用ケーブルは、一本の送電線のようなものであって、目で見ることは事実上不可能である」とも述べています。

こんな危険なことが、許されるのでしょうか。

低空飛行訓練を追認した日本政府

米軍の事故調査報告書によって低空飛行訓練ルートの存在が発覚した時、野党議員が国会で、米軍がこうしたルートを日本政府の了解なく一方的に設定し訓練を実施できる法的根拠を質問しました。

それに対して、外務省の北米局長は次のように答弁しています。

> 根拠は何かというお尋ねでございますが、地位協定の立て方と申しますのは、こういう種類の訓練はいいというふうに書いているという、そういう立て方には実はなっていないわけでございます。米軍によりますところの例えば実弾射撃を伴うといったような、そういうものであれば別でございますが、そうでない通常の飛行訓練、こういうものは地位協定上、施設、区域の上空に限定して行うことが予想されている活動である、こういうわけではございませんで、施設、区域の上空外においてもこれを行うことは地位協定上認められているところだ、こういうことでございます。（一九九四年七月一八日、参議院決算委員会）

つまり、実弾射撃を伴うような訓練でなければ、米軍機がどこで低空飛行訓練を行っても地位協定上問題ないと言っているのです。

ルートの存在を日本政府として知っているかとの質問にも、北米局長は「詳細については米軍の運用にかかわる問題なので承知していない」と回答した上で、「米軍が安保条約の目的達成のために我が国に駐留しておる、そのために必要な訓練を行う、このことは地位協定上も認められる」と全面的に追認しました。

「追認」と書いたのは、日本政府は日米地位協定ができた当初から、米軍基地や訓練区域外での訓練を容認する立場ではなかったからです。

日米安保条約の改定案が審議されていた一九六〇年の衆議院特別委員会で、この問題が議論になりました。

野党議員が、米軍の飛行訓練を日本の上空で認める以上、「非常に広い範囲にわたって、あるいは飛行機が墜落をしたり、もし実弾でも撃ち合えば、そのたまが飛んできて地上にいる日本人を傷つけたり、民家を焼いたり、いろいろな問題が起きてくる」ので日本政府としてどう対策するのか質問したところ、丸山佶調達庁長官は、こう答えました。

空軍の演習の場合には、（中略）演習区域というものを指定しております。従いまして、その演習は、その上空においてのみ行なわれることになります。なお、これに関しまする通報は、米軍から調達庁に来、調達庁から地元の県庁に通達し、関係方面に伝える、このような通告措置もなされております。なお、そこへ行く飛行の

米軍が設定している低空飛行訓練のルート

出所：「朝日新聞」

ルートについても取りきめがございまして、それらのことは、すべて合同委員会できめております。（一九六〇年五月一一日、衆議院日米安全保障条約等特別委員会）

空軍の飛行訓練は、日本政府が正式に提供している演習区域の上空だけで行われると明言しているのです。しかも、演習区域で訓練する場合でも、事前に米軍から日本政府に通報がなされ、日本政府はそれを地元自治体に伝えるとも述べています。

この立場は、外務省が一九七三年に作成した最初の「日米地位協定の考え方」にも記されています。

米軍は、協定第五条で規定されるが如き国内での移動等の場合を別とすれば、通常の軍隊としての活動（例えば演習）を施設・区域外で行なうことは、協定の予想しないところであると考えられる。

しかし、この一文は一九八三年に改定された「増補版」では削除され、代わりに次のように解説しています。

空対地射爆撃等を伴わない単なる飛行訓練は、本来施設・区域内に限定して行う

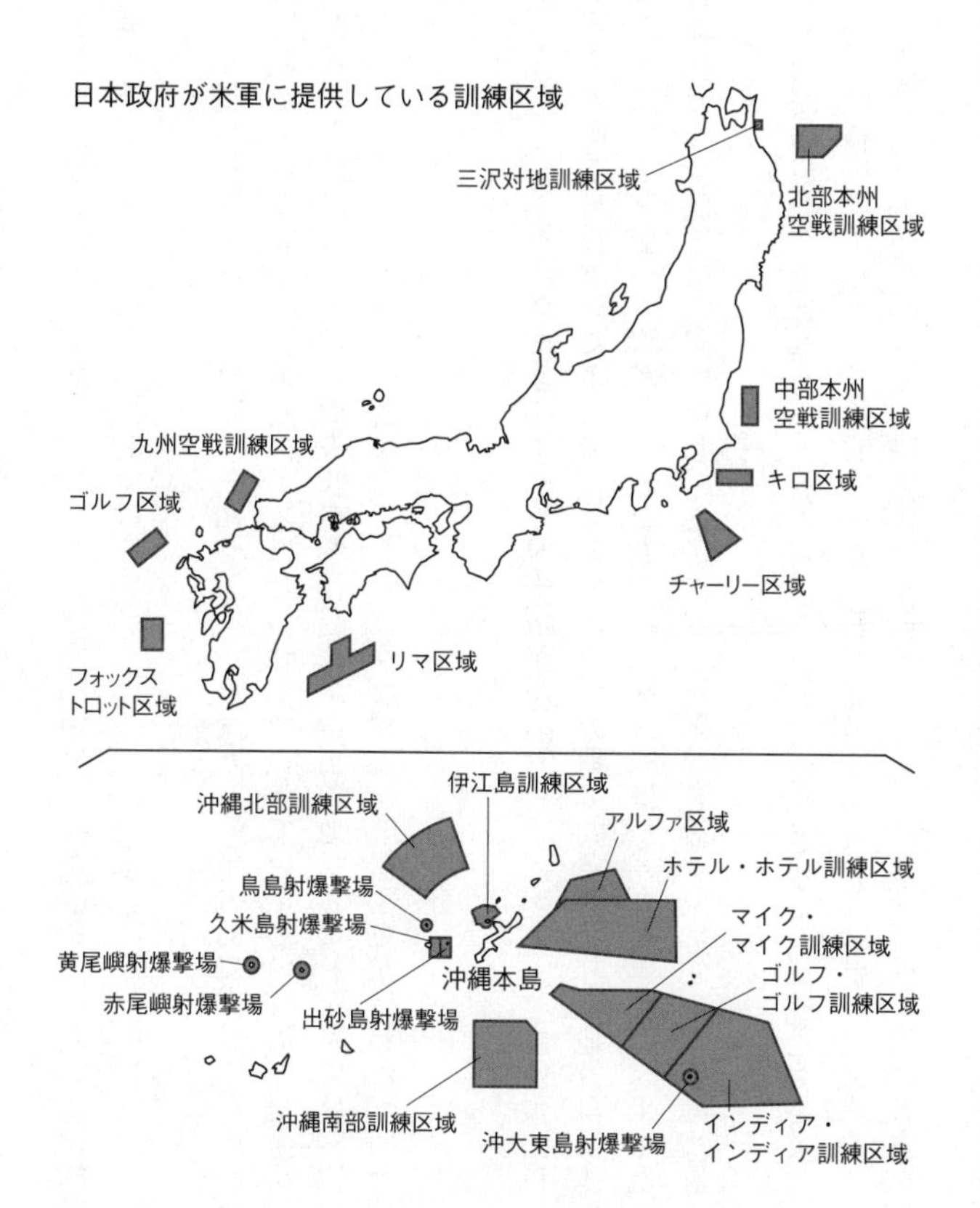
日本政府が米軍に提供している訓練区域
三沢対地訓練区域
北部本州
空戦訓練区域
中部本州
空戦訓練区域
キロ区域
チャーリー区域
九州空戦訓練区域
ゴルフ区域
フォックス
トロット区域
リマ区域
伊江島訓練区域
沖縄北部訓練区域
アルファ区域
ホテル・ホテル訓練区域
鳥島射爆撃場
久米島射爆撃場
黄尾嶼射爆撃場
赤尾嶼射爆撃場
沖縄本島
出砂島射爆撃場
マイク・
マイク訓練区域
ゴルフ・
ゴルフ訓練区域
沖縄南部訓練区域
沖大東島射爆撃場
インディア・
インディア訓練区域

ことが予想されている活動ではなく、地位協定上、我が国領空においては施設・区域上空でしか行い得ない活動ではない。

このことから推察されるのは、一九七三年から一九八三年の間に、日本政府が地位協定の解釈を米軍の実際の活動やニーズに合わせて変更していたということです。一九八〇年代に入って米軍機の低空飛行訓練が全国各地で急増した裏には、国民の知らないうちに、日米合同委員会などでこのような重大な解釈変更が行われていた可能性があります。

日本にはアメリカに合意を守らせる権限がない

米軍機の低空飛行訓練による騒音被害や事故が各地で問題になり、地方自治体や住民からの訓練中止を求める声が高まるなか、日米両政府は一九九九年一月、米軍機の低空飛行訓練の安全性を最大限確保し、住民に与える影響を最小限にするための措置について合意します。

日米合同委員会で確認されたこの合意は、在日米軍が低空飛行訓練を行う際は、「国際民間航空機関（ＩＣＡＯ）や日本の航空法により規定される最低高度基準を用いる」「人口密集地域や公共の安全に係る他の建造物（学校、病院等）に妥当な考慮を払う」

と明記しています。

こうした合意がなされたことは、日本国民の安全を確保し、騒音被害などを軽減する上で意味のあることです。しかし、最大の問題は、日本側にこれらの合意を米軍に守らせる権限がまったくないことです。実際に、この合意の後も、日本の航空法が定める最低高度以下の飛行や、人口密集地や学校、病院上空での飛行が各地で続いています。「毎日新聞」は二〇二一年二月二四日、東京の都心でも米軍ヘリによる低空飛行が常態化している実態を独自に調査して報じました。記事には、米軍ヘリが高さ約二七〇メートルのビルよりも低い高度で飛行している場面をとらえた写真も載っています。

このように明白な合意違反の「証拠」があっても、日本政府は米軍に抗議したり、飛行を止めるように要求したりしませんでした。国会でそのことを問われても、「米側に対して、安全面に最大限の配慮をし、地域住民に与える影響を最小限にとどめるよう求めていきたい」と繰り返すばかりでした。

低空飛行訓練を激減させたドイツ

ドイツでも、一九九〇年に東西ドイツが統一するまでは、米軍が縦横無尽に低空飛行訓練を行っていました。

当時は、西ドイツの空の約七割が高度一五〇メートルから四五〇メートルまでの低空飛行訓練空域に設定され、さらに、高度七五メートルから一五〇メートルまでの超低空飛行訓練空域が七カ所設けられていました。

西ドイツでボン補足協定の改定を求める世論が高まったのも、低空飛行訓練が最大の要因でした。契機となったのは、一九八八年に相次いで起こったNATO軍機の墜落事故です。

同年三月、西ドイツ南西部に米軍のF16戦闘機が墜落し、パイロットと住民一人の二人が死亡する事故が発生しました。墜落現場は原発からわずか一・五キロメートルだったこともあり、低空飛行訓練の危険性に多くの西ドイツ国民が注目するきっかけとなりました。

六月には、米軍のF16戦闘機が同じ日に三機も墜落。度重なる墜落事故に、各地で低空飛行訓練の中止を求める住民運動が起こり、七月には、西ドイツ最大の米軍基地ラムシュタイン空軍基地があるラインラントプファルツ州の議会が、低空飛行訓練を全面的に禁止することを連邦政府に求める決議を採択します。

その直後の八月でした。ラムシュタイン空軍基地で行われた航空ショーで、イタリア空軍の曲芸飛行チームが編隊飛行中に空中で接触し、炎上しながら墜落。地上にいた観客とパイロット合わせて七〇人が死亡し、三五〇人近くが負傷する大惨事となりました。

さらに、一二月には、米軍のA10攻撃機が西ドイツ中部で低空飛行訓練中に住宅密集地に墜落。同機が搭載していた三〇ミリ機関砲の弾薬一〇〇〇発が次々に爆発して火災が発生、パイロットを含む六人が死亡し、五〇人以上が重軽傷を負います。

これだけの事故が相次ぎ、大きな被害が出ているにもかかわらず、西ドイツ政府がNATO軍の低空飛行訓練を止めることができない現状から、西ドイツ国民の多くがボン補足協定によって主権が制限されていることに気が付きます。

一九九〇年に東西ドイツが統一すると、こうした世論を背景に、まず低空飛行訓練の規制強化に乗り出します。ドイツ政府は、NATO軍機の最低飛行高度を三〇〇メートルに引き上げます。

さらに、低空飛行訓練に限らずNATO軍のあらゆる活動にドイツの国内法を適用すべく、ボン補足協定の改定交渉に臨んだのです。

その結果、一九九三年に改定されたボン補足協定では、前述の通り、NATO軍の基地の使用には原則としてドイツの法律が適用されると明記されました。これにより、NATO軍はドイツの法律が許す範囲内でしか管理権を行使できないこととなったのです。

さらに、基地の外での訓練についても、改定前は駐留軍の権利として認められていましたが、改定後は陸上でも空域でもドイツの法律に従い、ドイツの国防大臣の承認を得なければ行えないようになりました。

〈ボン補足協定　第四五条一項（抜粋）〉
派兵国軍隊は、その排他的使用に提供されている施設区域内において、その訓練の目的に則り、それを実施することができない場合には、本条に基づき、かつドイツ連邦国防大臣の同意を条件として、その防衛任務の遂行上で必要とされる範囲内で、施設区域外での機動演習その他の訓練を行う権利を有する。

〈同　第四六条一項（抜粋）〉
派兵国軍隊は、権限あるドイツ当局の承認を条件に、かつその防衛任務を遂行する上で必要な範囲内において、本条に基づいてドイツ連邦共和国の空域で機動演習その他の訓練を行う権利を有する。

〈同　第四六条二項（抜粋）〉
本条第一項に基づく機動演習その他の訓練の実施に関しては、ドイツの空域への進入及び使用に関するドイツの法規並びに国際民間航空機関の「基準及び勧告実行準則」に従う航空設備及び施設の使用に関するドイツの法規、並びに関連する法律、規則及び告示に含まれる現行の通告、承認及び調停の手続が適用される。

この改定により、基地の中でも外でも、駐留軍には原則としてドイツの法律が適用されることになりました。米軍機がドイツ国内を飛行する場合は、ドイツの航空法とそれに基づいてドイツ軍が作成した関連規則に従わなければならなくなったのです。

これにより、ドイツ国内における軍用機の低空飛行訓練の時間は大幅に減りました。

事故を契機に低空飛行訓練を規制したイタリア

イタリアも、ドイツと同様、米軍機の事故を契機に低空飛行訓練を大幅に規制した国の一つです。

一九九八年二月三日、イタリアで低空飛行訓練中の米軍機がロープウェーのケーブルを切断する事故が起こりました。

現場は、イタリア北東部のアルプス山脈のスキーリゾート。ロープウェーは、ふもとの町、カバレーゼとチェルミス山を結びます。

低空飛行訓練を行っていた電子偵察機ＥＡ６Ｂプラウラーは、このロープウェーの下をくぐろうとして右主翼でケーブルを切断、ゴンドラは一〇〇メートル近く落下し大破しました。ゴンドラに乗っていたスキー客一九人とオペレーター一人の全員が死亡しました。

米軍機は、ケーブルを切断した際に機体の一部が損傷しましたが、その後体勢を立て直して急上昇し墜落を回避。そのままアビアノ空軍基地に帰投しました。

米軍機は、アルプス地方における最低飛行高度の地上約六〇〇メートルを守らず、高度約九〇メートルの低さで飛行してケーブルを切断したのです。

現場周辺ではそれまでも、米軍機がロープウェーの下をくぐって飛行するのがたびたび目撃されていました。そのため、地元の自治体は米軍に対して再三、訓練の中止を求めていました。

ついに起こってしまった事故に、地元自治体からは怒りの声が上がります。トレント県の知事は「米軍機が半ば遊びでロープウェーのケーブルの下を飛んでいた、と多くの住民が話している。こんなばかげたことは許せない」と語り、カバレーゼの町長も「対策を怠っていた米軍に重大な責任がある」と強く非難します。

イタリアが日本と違うのは、その後の対応です。

イタリア政府は事故後直ちに、米軍機の最低飛行高度を二倍に引き上げるなど規制を強化します。

その後、イタリア国内での米軍機の低空飛行訓練のあり方について見直すことで米側と合意し、合同委員会が設置されました。合同委員会は一九九九年四月に報告書をまとめ、低空飛行訓練は原則としてイタリアに常駐する部隊に限り、それも全飛行訓練の四分の一以下に制限することなどが明記されました。また、イタリア領空内におけるすべての飛行について、イタリア側の承認を必要とすることを確認しました。

米軍は当時、NATO軍の一員として、イタリア国内の米軍基地を拠点にバルカン半島南部のコソボで空爆作戦を実施していました。そのため、低空飛行訓練の必要性を訴え、規制強化には消極的でした。

それに対し、合同委員会のイタリア側代表を務めたレオナルド・トリカリコ将軍はアメリカのペンタゴン（国防総省）に乗り込み、「これは取引や協議でもない。米軍の飛行機が飛ぶのはイタリアの空だ。私が規則を決め、あなた方は従うのみだ。さあ、署名を」と迫ったといいます（「琉球新報」二〇一七年一一月一九日）。

こうしたイタリア側の毅然とした態度に、アメリカも最後には低空飛行訓練の規制強化に同意せざるをえませんでした。

米軍が日米合同委員会合意に違反する低空飛行訓練を繰り返しても、「安全面に最大限の配慮をし、地域住民に与える影響を最小限にとどめるよう求めていきたい」としか言えない日本政府とのあまりの違いに愕然とします。

米軍の行動にはイタリア側の承認が必要

イタリア政府が事故後直ちに米軍機の低空飛行訓練を規制できたのは、それを可能とする法的権限を持っていたからです。

イタリアとアメリカは一九九五年に、「イタリア駐留米軍による基地・施設の使用に関する了解覚書」を締結しました。

同覚書では、「基地はイタリアの司令部の下におかれる」とし、米軍は「重要な行動（特に作戦、訓練、輸送、事件・事故）のすべて」を事前にイタリア軍司令官に通知し、承認を受けることが義務付けられています（第六条）。訓練などにおけるイタリア法規の遵守も明記されています（第一七条）。

さらに、米軍の行動が「明らかに一般公衆の生命や健康に危険を及ぼす」とイタリア軍司令官が判断した場合は、「米軍がその行動を直ちに中断するよう介入する」としています（第六条）。

〈イタリア駐留米軍による基地・施設の使用に関する了解覚書　第六条（抜粋）〉

基地はイタリアの司令部の下におかれる。（中略）合衆国司令官は、合衆国のすべての行動を、それらが実行に移される事前の段階で、当該イタリア軍司令官に通知する。それらの行動は、軍事作戦そしてその訓練行動、ならびに物資、武器、軍属を含む軍事要員の輸送であり、その結果起こるすべての事件／事故の報告を含む。（中略）イタリア軍司令官は、明らかに一般公衆の生命または健康に危険が生じる合衆国の行動を合衆国軍隊司令官が直ちに中断するように介入する。

〈同　第一七条（抜粋）〉

すべての軍事訓練ならびに軍事行動の計画とその遂行は、第五条に定める意義と目的に沿い、該当基地・区域において適用されるべき民事ならびに軍事に関する法規を遵守するものでなければならない。（中略）該当基地・区域で活動する部隊の行動は、イタリア軍司令官もしくは権限を有する彼の代理を通してイタリア政府のふさわしい当局に事前通告され、現行規則に従って必要とされる調整・承認を得るものとする。

つまり、イタリアにおける駐留米軍の行動は、あくまでイタリアの国内法とイタリア政府が許す範囲内でしか認められていないのです。だから、イタリア政府はアメリカ政府に対し、低空飛行訓練の規制を毅然とした態度で強く求めることができたのです。国民の生命と財産を守るのが政府の責任であることを考えれば、これは当然のことです。米軍の行動にイタリア政府の権限が及ばなかったり、イタリアの法律が適用されず、米軍がいつでもどこでも自由に低空飛行訓練ができるような状況だったら、政府として国民の安全に責任を持てないからです。

しかし、日米地位協定では米軍に「排他的管理権」を与えているため、日本政府が米軍の行動を規制することができません。

外務省の「日米地位協定の考え方　増補版」は、米軍に基地の排他的管理権を与えている理由を、このような法的地位を認めなければ「米軍の有効な機能の発揮が妨げられる」からだと解説しています。しかし、これが事実であるならば、イタリアでは米軍の有効な機能の発揮が妨げられていることになってしまいます。

イギリスと日本の事故対応の違い

二〇一四年一月七日、イギリスで米軍のヘリコプターが墜落する事故が発生しました。

墜落したのは、米空軍の救難ヘリHH60Gペイブ・ホーク。ヘリは、イギリス東部サフォーク州にあるレイクンヒース空軍基地を離陸し、低空飛行訓練を行っている最中に墜落しました。

墜落したのが北海沿岸部の自然保護区の湿原だったため、市民に被害は出ませんでしたが、ヘリの乗員四人は全員死亡しました。

墜落の衝撃で、ヘリの機体は搭載していた一二〇〇発の弾薬とともに周囲に飛び散りました。人体に有害な物質も含まれている可能性があるとして、地元のノーフォーク州警察が現場周辺を封鎖し、立ち入りを禁止しました。

イギリスのメディアの報道によると、現場に米空軍の関係者もいましたが、ヘリの機体も含めて現場検証はノーフォーク州警察の主導で行われました。そして、警察の現場検証が終了した後で、米軍と英軍の事故調査官が共同で調査を開始しました。

この事故で現場対応に当たったノーフォーク州警察の警視は、沖縄県の調査に対し、「英国警察が優先権を持つことは、この事故特有の事例ではなく、イギリスのどこで事故が発生しても、同様の取り扱いが行われる。駐留軍の事故について特別な規定はなく、他の事故と同じように英国法によって取り扱われる」と語っています（「他国地位協定調査報告書（欧州編）」）。

このように、イギリスでは米軍基地の外で米軍の航空機事故が起こった場合、警察権を行使するのはイギリス側です。最初の現場検証をイギリスの捜査機関が行い、その後の事故調査も米英共同にすることで、事故の原因究明を米軍まかせにしないで主体的に行っているのです。

「そんなの当たり前じゃないか」と思った方もいるかもしれません。国民の安全を守る政府の責任を考えれば、確かにこれが「当たり前」です。しかし、その「当たり前」のことができていないのが、日本です。

イギリス政府の対応と日本政府の対応。その違いは、二〇一六年一二月に沖縄で起こったオスプレイの墜落事故を見れば、一目瞭然です。

沖縄でのオスプレイ墜落事故

二〇一六年一二月一三日午後九時半ごろ、沖縄県名護市東海岸沖の浅瀬に米海兵隊の垂直離着陸輸送機MV22オスプレイ一機が墜落しました。

この事故でオスプレイの乗員二人が負傷しましたが、幸いにも市民に被害はありませんでした。しかし、墜落現場は民家が並ぶ安部(あぶ)集落から数百メートルしか離れておらず、周辺の海では事故当時、漁をしていた漁民もおり、一歩間違えば大惨事になっていた可能性もありました。

墜落からしばらく経つと、現場に米軍、沖縄県警、海上保安庁、そして報道陣や市民などが集まり始めます。沖縄県警は翌一四日の午前三時前から規制線を張り、墜落現場付近への立ち入りを制限しました。

一方、海上での警察権は海上保安庁にあります。第一一管区海上保安本部は一四日の未明にも、航空機を墜落させた乗組員らの過失責任を問う航空危険行為処罰法違反での立件を目指し、米軍に現場検証などの捜査協力を申し入れました。

なぜ、日本国内で起こった事故を捜査するのに、わざわざ米軍に捜査協力を申し入れる必要があるのでしょうか。

日米地位協定は、米軍による事件・事故に対する警察権の行使について、次のように定めています。

〈日米地位協定　第一七条一〇〉

(a)　合衆国軍隊の正規に編成された部隊又は編成隊は、第二条の規定に基づき使用する施設及び区域において警察権を行なう権利を有する。合衆国軍隊の軍事警察は、それらの施設及び区域において、秩序及び安全の維持を確保するためすべての適当な措置を執ることができる。

(b)　前記の施設及び区域の外部においては、前記の軍事警察は、必ず日本国の当局との取極(とりきめ)に従うことを条件とし、かつ、日本国の当局と連絡して使用されるものとし、その使用は、合衆国軍隊の構成員の間の規律及び秩序の維持のため必要な範囲内に限るものとする。

つまり、基地の中では米軍が警察権を行使できるが、基地の外では原則として日本側が警察権を行使するということです。ただし、米兵の間の規律や秩序の維持のために必要な範囲に限って、基地の外でも例外的に米軍の警察権の行使を認めているのです。これは、米軍基地周辺の歓楽街で夜、米兵らが飲酒して暴れたりしないように米軍のＭＰ（憲兵）がパトロールするといったことを指しています。

基地の外で発生した米軍機の墜落事故は、米軍兵士の間の「規律及び秩序の維持」にとどまりませんので、地位協定のこの条文に従えば、当然日本側が警察権を行使して捜査ができるはずです。

ところが、それをできなくする決まり事を、日米両政府は地位協定の合意議事録という形で結んでいるのです。

〈日米地位協定合意議事録　第一七条一〇(a)及び一〇(b)について〉
日本国の当局は、通常、合衆国軍隊が使用し、かつ、その権限に基づいて警備している施設若しくは区域内にあるすべての者若しくは財産について、又は所在地のいかんを問わず合衆国軍隊の財産について、捜索、差押え又は検証を行なう権利を行使しない。ただし、合衆国軍隊の権限のある当局が、日本国の当局によるこれらの捜索、差押え又は検証に同意した場合は、この限りでない。

これで日本は、基地の外でも、米軍の財産に関して捜索、差し押さえ、検証を行う権利を放棄することを認めてしまっています。これがあるために、日本の捜査機関は、アメリカ側の同意がなければ墜落した事故機を捜査することができないのです。

結果的にこの事故では、米軍は海上保安庁の捜査に同意しないまま、機体を解体し、片付けてしまいました。海上保安庁が墜落現場を捜査できたのは、米軍が機体をすべて撤去した後のことでした。

さらに、米軍はプライバシー保護を理由に、オスプレイの操縦士らの氏名や年齢などの情報提供も拒否しました。結局、那覇地検は事故から約三年後の二〇一九年一二月一一日、航空危険行為処罰法違反の疑いで氏名不詳のまま書類送検された当時の機長を不起訴処分にしました。

このような米軍の対応は、この時が初めてではありませんでした。

二〇〇四年八月一三日に米海兵隊の大型輸送ヘリが沖縄国際大学に墜落した際も、沖縄県警は機体の捜査への同意を求めましたが、米軍は回答しないまま機体を撤去しました。さらに、ヘリの乗員など事故関係者の氏名も明かしませんでした。

結局、日本側で捜査が進まないなか、アメリカ側は整備ミスが事故の原因だったとして、整備兵らに降格や減給などの懲戒処分を下します。これによりアメリカ側が第一次裁判権を行使したことになり、日本側で起訴する機会は失われます。沖縄県警は整備兵らを氏名不詳のまま書類送検し、那覇地検はアメリカ側ですでに裁判権が行使されていることを理由に不起訴としました。

日本の捜査機関は機体に指一本触れることもできず、まさに事故調査の「蚊帳の外」に置かれたまま、事件にピリオドが打たれたのです。

日米地位協定は、「(日本と米軍の捜査機関は) 犯罪についてのすべての必要な捜査の実施並びに証拠の収集及び提出について、相互に援助しなければならない」(第一七条六a) と定めています。日本の捜査機関の捜査同意を拒む米軍の対応は、これに明らかに違反しています。

沖縄国際大学へのヘリ墜落事故で捜査を指揮した沖縄県警のOBは、地元紙の取材に、「第一次裁判権は米側にあるが、捜査権は日本にもあり協定上、日米が原因究明に協力するのが本来の姿。米軍トップも地位協定を理解せず、特権意識の壁にぶち当たった」と当時を振り返り、「主権が侵害されていると沖縄が声を上げ、協定を改正しない限り、米軍事故の不平等は蒸し返される」と指摘しています (「沖縄タイムス」二〇一六年一二月一六日)。

米軍機事故をめぐる秘密の日米合意

二〇一六年一二月のオスプレイ墜落事故では、沖縄県警の許可を得て現場周辺を取材していた新聞記者を米軍が締め出そうとする場面もありました。

同年一二月一七日の「沖縄タイムス」は、その時のことを次のように報じています。

「ノー!」。午前七時半ごろ、墜落から二日間にわたり報道機関が取材した区域に記者が入ろうとしたところ、迷彩服姿の米軍関係者が行く手をふさいだ。

警察官が近づき、「プレス（記者だ）」と伝え、通行させようとしたが、米軍関係者は「ノー」との姿勢を崩さなかった。

二〇〇四年の沖国大ヘリ墜落事故を受け、日米は米航空機事故直後の役割分担を「ガイドライン」としてまとめた。一般人の立ち入り制限では、事故現場に近いエリア「内周規制線」を日米が共同で規制し、その外側の「外周規制線」は日本側が規制を担う。

「取り決め破り」とも取れる米軍関係者の行動に警察担当者は「規制範囲は日米が協議して決めるはずだ」と語気を強めて反論。米軍担当者は何度も携帯電話で指示を仰ぎ、二時間後にやっと通行を認めた。


この記事にあるように、二〇〇四年の沖縄国際大ヘリ墜落事故を受けて翌二〇〇五年に日米合同委員会でつくられた「日本国内における合衆国軍隊の使用する施設・区域外での合衆国軍用航空機事故に関するガイドライン」では、外側の規制線内への立ち入りについては日本側が許可権限を持つこととされています。日本側と協議せずに一方的に記者を締め出そうとした米軍の行為は、このガイドラインに反しています。

これと似たようなことは、二〇〇四年の事故の時もありました。しかも、締め出されたのは記者ではなく、なんと沖縄県警でした。

沖縄国際大学が普天間基地のすぐ近くだったこともあり、現場にいち早く到着したのは米軍でした。米兵らは大学構内の墜落現場周辺だけでなく、構外の市道も約二〇〇メートルにわたって「KEEP　OUT」と書かれた黄色いテープで封鎖し、後から到着した沖縄県警の警察官の立ち入りも拒んだのでした。まさに、現場一帯は一時、米軍によって「占領」されたのでした。

墜落の翌日に現場を訪れた外務省の荒井正吾政務官も米軍に立ち入りを拒まれ、その後に面会した在沖米軍司令官に「ここは日本の領土なのだから、日本の警察を信用して管轄は任せてほしい」と要請。そして、「米軍機が民間地域に墜落した場合の決まりが明確でなく、今回は現場を混乱させてしまった。事故後の検証に関するルールづくりを日米両政府で進める必要がある」と語りました（「沖縄タイムス」二〇〇四年八月一五日）。それでつくられたのが、前出の二〇〇五年「ガイドライン」です。

これだけ聞くと、米軍が沖縄県警まで締め出して現場一帯を「占領」したのは、この「ガイドライン」がなかったのが原因かのようです。

しかし、実は、日米間には公表されていない秘密の「ガイドライン」がすでにあったのです。それは、一九五八年一〇月一六日の日米合同委員会で合意されました。この合意に基づいて出された「米軍用機の墜落又は不時着現場における警備措置等について」

米軍機事故の現場管理に関するガイドライン

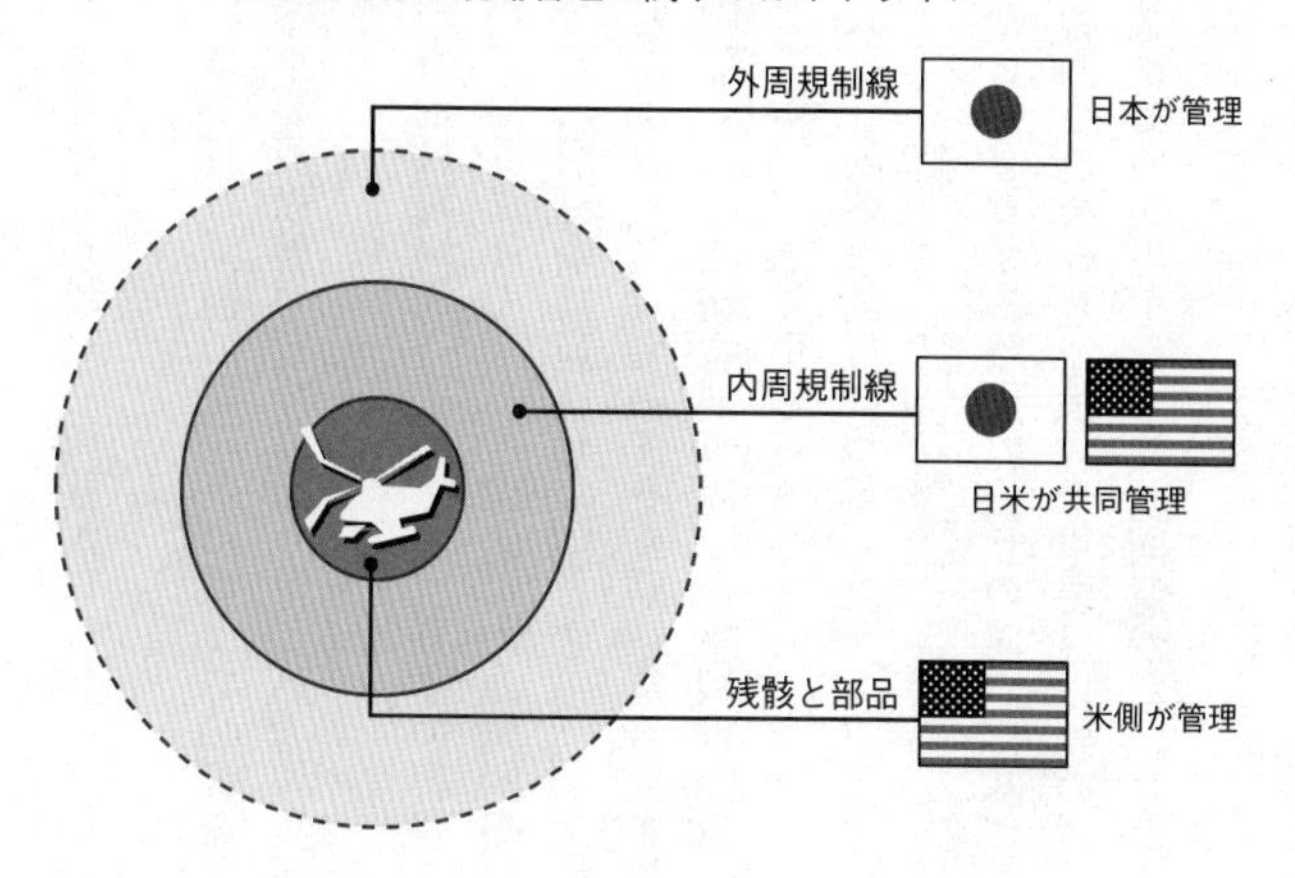

というタイトルの警察庁の通達は、現場周辺の規制について次のように明記しています。

〈墜落又は不時着現場は、日米両国の責任者によって必要な共同管理を行うこと〉
〈立入制限区域への米軍要員以外の者の立入りは、日本側責任者が決定すること〉

この通達では、米軍が一方的に現場周辺を封鎖し、日本の警察を締め出してもよいなんてことは、どこにも書いてありません。二〇〇四年の沖縄国際大学での米軍の行動は、一九五八年の合同委員会合意に明らかに違反しています。

この日米合同委員会の合意は公表されていませんが、筆者（布施）は古書店で入手した法務省の「秘」指定の内部文書（法務省刑事局「合衆国軍隊構成員等に対する刑事裁判権関係実務資料」一九七二年）で知りました。

二〇〇四年の沖縄国際大ヘリ墜落事故後につくられた「ガイドライン」では、事故機の近くに「内周規制線」、その外側に「外周規制線」を設け、「内周規制線」への立ち入りは「合衆国及び日本国の責任を有する職員の相互の同意に基づき行われる」と定められました。一九五八年の合同委員会合意では「米軍要員以外の者の立入りは、日本側責任者が決定すること」とされていたのを、米側の同意がなければ立ち入ることができないようにルールが変えられたのです。

沖縄国際大ヘリ墜落事故で米軍が行ったルール違反を、まるで追認するかのように、ルール自体を書き換えてしまったのです。

日本政府は今も、一九五八年の合同委員会合意の存在を認めていません。私が古書店で入手した法務省の内部文書は開示しましたが、この合同委員会合意だけはタイトルも含めてすべてを黒塗りしています。

この存在を認めると、新たにつくったと説明した「ガイドライン」が実は、ヘリ墜落事故で米軍が合意に違反してとった行動を追認する内容になっていることが明らかになってしまうので隠しているのだと思います。

米軍が合同委員会で合意したルールを破っても、それに抗議しないばかりか、米軍のルール違反を追認する方向でルール自体を書き換えてしまう――「主権国家」として、あまりにもなさけない姿勢です。

占領時代の特権を温存した日米行政協定

日米地位協定がドイツやイタリアの協定と比べて受入国の主権を広範囲に制限するものになっている理由は、日米地位協定の前身である日米行政協定のルーツに隠されています。

日米行政協定は、サンフランシスコ講和条約が発効し連合国軍による占領が終結する直前の一九五二年二月二八日に締結されました。占領終結後も日米安保条約によって米軍の駐留が継続することになったため、その法的地位を定めるためにつくられたものです。

外務省条約局長として行政協定の交渉を担った西村熊雄氏は、こう書き残しています。


こうして協定を通読すると、日本ばかりがgive and giveすることになる印象をつよめることも見逃してはならない。行政協定の公表されたとき、国会も国民も一ように失望し不満の意を表し非難の声をあびせた。（中略）国会および世論の期待するところ（中略）を達成すべく根気よく努力を重ねたところであった。が、ついに目的を貫徹しえず（中略）交渉当事者自身はなはだ不満で早晩できるかぎり早目にその改善をはからねばならないと心ひそかに期するところがあった。（外務省日本外交文書「平和条約の締結に関する調書」）


行政協定がアメリカに一方的に譲歩するような内容となり、占領終結への国民の期待を裏切るような結果になってしまったことへの悔しさが伝わってくる文章です。

行政協定下での米軍の特権をよく表しているアメリカ側の公文書があります。

文書は、一九五七年二月一四日に東京の駐日大使館からアメリカ国務省に送られた在日米軍基地に関する秘密報告書で、国際問題研究者の新原昭治氏がアメリカ国立公文書館で入手したものです。

日本での米国の軍事活動の規模の大きさに加えて、きわだつもう一つの特徴は、米国に与えられた基地権の寛大さにある。安保条約第三条にもとづいて取り決められた行政協定は、米国が占領中に持っていた軍事活動遂行のための大幅な自立的行動の権限と独立した活動の権利を米国のために保護している。安保条約のもとでは、日本政府とのいかなる相談もなしに「極東における国際の平和と安全の維持に寄与」するためわが軍を使うことができる。行政協定のもとでは、新しい基地についての要件を決める権利も、現存する基地を保持し続ける権利も、米軍の判断にゆだねられている。（中略）米軍の部隊、装備、家族なども、地元とのいかなる取り決めもなしに、また地元当局への事前情報連絡さえなしに日本への出入を自由におこなう権限が与えられている。日本国内では演習がおこなわれ、射撃訓練が実施され、軍用機は飛び、その他の日常的な死活的に重要な軍事活動がなされている――すべてが行政協定で確立した基地権にもとづく米側の決定によって。（新原昭治『日米「密約」外交と人民のたたかい――米解禁文書から見る安保体制の裏側』新日本出版社、二〇一一年）

まさに、アメリカ自身が、行政協定は米軍に占領時代と変わらぬ特権と行動の自由を保障していると評価していたのです。

その後、一九六〇年に安保条約が改定されたのにあわせて、行政協定も地位協定に改められます。文言上はいくつか変更がありましたが、米軍の特権の大部分はそのまま温存されました。

米軍基地の排他的使用権を定めた第三条についても、変わったのは文言だけで、日米両政府は「米軍の権利は変わることなく続く」と明記した密約を結んでいました（一九六〇年一月六日に藤山愛一郎外務大臣とマッカーサー駐日大使がイニシャル署名）。

米軍が占領中に持っていた広範な特権が、行政協定によって占領終結後も温存され、さらにそれが日米地位協定にもそのまま引き継がれ、その後も六〇年以上一度も改定されることなく現在に至っています。

日米地位協定は、約七〇年前の占領時代の〝遺物〟なのです。

敗戦による米軍占領の名残「横田ラプコン」

日本がいまだに米軍による占領体制を払拭できていないことを象徴しているのが、首都圏上空の管制権を米軍が握り続ける「横田空域」です。

一三三ページの図のように、一都八県（東京、神奈川、埼玉、群馬、栃木、長野、新潟、静岡、山梨）の上空に、「横田ラプコン（RAPCON: Radar Approach Control）」と

横田ラプコンと民間航空ルート

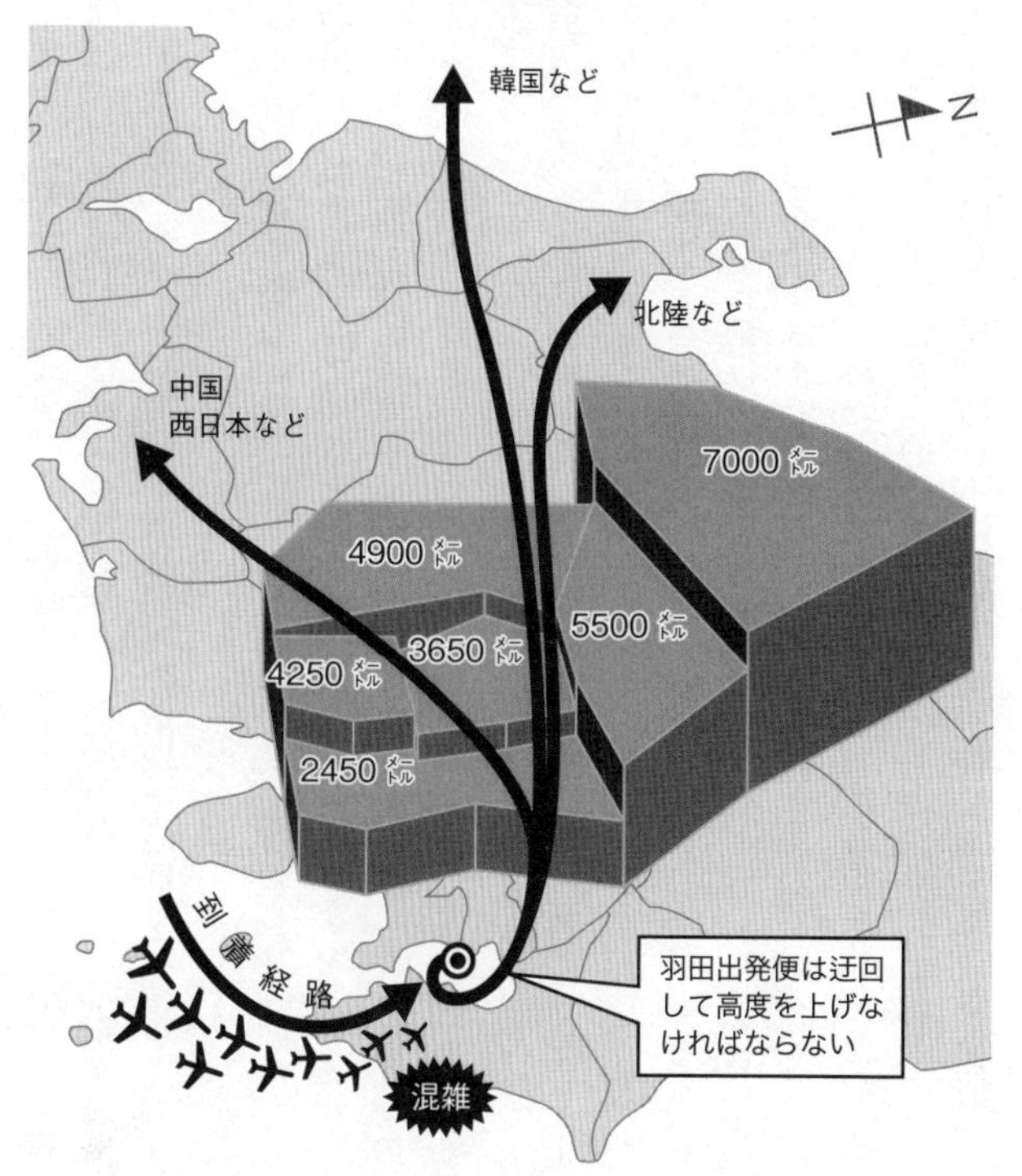

いう巨大な空域が設定されています。この空域を通るすべての航空機は、米横田基地にいる米軍管制官の指示に従わなければなりません。空域の利用は、米軍が最優先です。そのため、羽田空港を発着する民間旅客機は、この空域を避ける迂回ルートをとらざるをえません。

交通量が極めて多い首都圏の上空の大部分がこの空域で占められているため、航空路の混雑を生み出し、航空機がニアミスを起こす危険な要因にもなっています。

首都上空の航空管制権を外国の軍隊に握られている国が、はたして一人前の「主権国家」だと言えるでしょうか。アメリカの同盟国はたくさんありますが、こんな国は日本以外にはありません。

日本の航空法では、航空管制は原則として国土交通大臣が一元的に行うと定められています。米軍がそれを実施できるとはどこにも書いてありません。法的根拠なく米軍が管制権を握っているのが横田空域なのです。あるのは、日米合同委員会での合意だけです。

そもそも米軍による航空管制は、行政協定が発効した一九五二年に、日本側で自主的な航空管制の実施が可能になるまでの間の「一時的措置」としてアメリカ側に認めたものでした。当時は、米軍機も含めた首都圏の上空の航空管制を実施できる能力や技術が日本側になかったため、米軍に暫定的にゆだねたのでした。

それから六九年が経過し、現在の日本は当然、航空管制を実施できる能力も技術も持っています。政府もそれは認めていて、横田空域の返還を繰り返し求めていますが、アメリカ側は「運用上の理由により応じられない」と拒否し続けています。

横田空域の返還について、二〇一三年に安倍晋三首相が次のように答弁しています。

（横田空域は）我が国が戦争に負けて米軍の占領を受け入れた、これは名残と言ってもいいんだろうと思います。（中略）今後とも、こうした空域についてはなるべく、これは我が国のまさに領空でございますし空域でございますから、返還していただけるような努力はしていきたいと、このように思っております。（二〇一三年四月二三日、参議院予算委員会）

日本の首相も「占領の名残」と認めざるをえないのが、「横田空域」なのです。

協定改定を重ねて主権を確立したフィリピン

ドイツは、東西ドイツの統一（一九九〇年）を契機にボン補足協定の改定（一九九三年）を実現し、駐留軍への国内法適用を明記して「領域主権」を強化しました。

イタリアも、一九九五年に「イタリア駐留米軍による基地・施設の使用に関する了解覚書」を結び、一九五四年に締結した基地使用協定（ＢＩＡ）をアップデートしたことで、「領域主権」を強化することに成功しました。

同様に、地位協定の改定を重ねることで「領域主権」を一歩一歩確立してきた経験を持つのが、フィリピンです。

現在は国内に恒久的な米軍基地はないフィリピンですが、一九九一年まではクラーク空軍基地、スービック海軍基地という二つの大きな米軍基地がありました。

フィリピンは、日本やドイツのように敗戦による占領から米軍駐留が始まったのではなく、アメリカの植民地時代からの継続で米軍が駐留していました。

フィリピンは一九四六年にアメリカから独立しましたが、翌年、九九年間にわたりアメリカに基地を貸与する「軍事基地協定」を締結しました。

当初は、植民地時代の関係を引きずって治外法権的な性格の強い内容でしたが、フィリピンは主権を確立すべく粘り強くアメリカと交渉を続け、何度も改定を実現しました。

まず、一九六五年の改定で、米兵が公務外で起こした刑事事件について第一次裁判権を獲得しました。翌一九六六年には、二〇四六年までだった軍事基地協定の有効期間を一九九一年まで短縮することに成功しました。

最も大きな改定は一九七九年に行われました。この改定では、米軍基地にもフィリピンの「領域主権」が及ぶことが明記され、基地内では原則としてフィリピン国旗のみが単独で掲揚されることになりました。さらに、米軍の軍事行動を妨げないことを条件に、各基地の管理はフィリピン軍司令官が指揮することになりました。

一九八六年には、民衆蜂起によってマルコス独裁政権が倒される「ピープル・パワー革命」が起こり、議会が承認した場合を除いて外国軍隊の基地を原則禁止する新憲法が制定されました。

アメリカがフィリピン国内の米軍基地を使用し続ける法的根拠が失われます。「軍事基地協定」の期限切れが迫った一九九一年、フィリピン政府はアメリカ政府と基地の提供を一〇年間延長する条約に調印します。しかし、上院はこの条約の承認を否決。

さらに、この年に発生したピナツボ火山の大噴火で米軍基地も大きな被害を被り、復旧には莫大(ばくだい)な経費がかかることが予想されたことから、アメリカも駐留の継続を断念して米軍を撤収させました。

現在は、二〇一四年に締結された「防衛協力強化協定」によって、フィリピン軍の基地に米軍が一時的に駐留することが認められています。この協定では、「所有（ownership）」という条項が設けられ（第五条）、米軍が使用するすべての土地や施設について「フィリピンが所有権と権限を保持する」と定めています。また、すべての土地や施設へのフィリピン側のアクセス権を明記しています。

環境基準に関しては、両国そして国際条約の基準の間で、より厳しい基準を適用するとしているのは日米の環境補足協定と同じです。それでも、どんな場合でも、最終的にフィリピンの基準が明確に反映されるべきだとしています。

一九四七年に軍事基地協定を締結した当初は、敗戦国の日本の地位協定よりも不利な内容の協定をアメリカに押し付けられたことに不満を抱いたフィリピン政府でしたが、その後、改定を重ねることで日米地位協定よりも「領域主権」を明示する内容にアップデートしていったのです。

一度も実質的な改定を実現することができず、いまだに約七〇年前の占領時代の遺物に「領域主権」を大きく制約されている日本とは、あまりにも対照的です。

駐留軍の治外法権が慣習国際法？

最後に、もう一つ、日本の異常な主権放棄ぶりを際立たせている問題について触れておきたいと思います。

安全保障に関する米国務省の諮問機関・国際安全保障諮問委員会が二〇一五年に公表した「地位協定に関する報告書」の中に、次のような記述があります。

ある国に所在するいかなる者も、当該国がその管轄権の制限につき同意している場合を除き、当該国の法律に服することは、一般に受け入れられた国際法のルールである。地位協定はこのルールへの例外を定めるものであるが、これは地位協定により、受入国政府が本来有する管轄権及び他の権利を派遣国との関係で免除していることに合意しているからである。

ここに書かれているように、駐留軍にも受入国の法律が適用されるのが「一般的な国際法のルール」であり、駐留軍の特権や免除を「例外」として規定するのが地位協定という関係です。

あくまで「例外」という位置付けなので、特権や免除の対象となる範囲は必要最小限に絞られるべきです。実際、アメリカがドイツやイタリアと結んでいる取り決めは、そうなっています。

しかし、日本ではなぜか、この「原則」と「例外」の関係が逆転しています。

日本政府はこれまで、「一般国際法上、駐留を認められた外国軍隊には特別の取り決めがない限り、接受国の法令は適用されない」と国会答弁などで説明してきました。米国務省の諮問機関の報告書に書かれている「国際法」と日本政府の言う「国際法」が、一八〇度食い違っているのです。

筆者（布施）が調べた限り、日本政府のような「国際法」の主張をしている国や研究者は他に見つけることができませんでした。米陸軍法務総監の法務センター学校が作成した『作戦法規ハンドブック』（二〇二〇年版）にも、「主権国家は、国境の内側にいるすべての者に対して管轄権を有しているというのが一般的な国際法のルールである。受入国の同意なしに、その主権が制約されることはない」と明確に記されています。

一方、日本の外務省は、ウェブサイトの「日米地位協定Q＆A」に、「米軍の行為や、米軍という組織を構成する個々の米軍人や軍属の公務執行中の行為には日本の法律は原則として適用されませんが、これは日米地位協定がそのように規定しているからではなく、国際法の原則によるものです」とまで書いていました。

この論理でいくと、日米地位協定や合意議事録に日本の法律を適用すると明記されていること以外は、すべて適用されないことになってしまいます。ドイツやイタリアのように、自国の主権を第一に考えて駐留軍の特権や免除を最小限に絞るのではなく、駐留軍の利益を第一に考えて自国の法律適用を最小限に絞るというのが日本政府のスタンスになっています。

さすがに無理があると気付いたのか、外務省は二〇一九年一月にウェブサイトの「日米地位協定Q＆A」の記述を書き替えました。「一般国際法上」という言葉を削除し、「一般に」という言葉に置き換えたのです。ただし、外務省は「政府の基本的な考え方に変わりはない」と説明しています。

世界に例のない独自の「慣習国際法」の主張をしてまで、日本における米軍の治外法権的な行動を追認しようとする日本政府の姿勢は、まさに「主権放棄」を象徴しています。

第三章

自由出撃

朝鮮戦争から生まれた日米地位協定と朝鮮国連軍地位協定

二〇一七年、北朝鮮の核兵器・ミサイル開発をめぐってアメリカと北朝鮮との軍事的緊張が高まり、〝あわや戦争か〟という状況が生まれました。

原因となったのは、北朝鮮の相次ぐミサイル発射実験です。特に、アメリカ本土に届く大陸間弾道ミサイル（ＩＣＢＭ）の発射実験は、アメリカが見過ごすことのできないものでした。核兵器の開発に成功した北朝鮮がＩＣＢＭを持てば、アメリカ本土を核攻撃できる能力を持つことになるからです。

トランプ大統領は国連総会での演説で、北朝鮮の金正恩（キムジョンウン）・朝鮮労働党委員長のことを「ロケットマン」と呼び、「米国と同盟国を守ることを迫られれば、北朝鮮を完全に破壊する以外の選択はない」と強く警告。これに対して、金正恩委員長も「アメリカの老いぼれ狂人を必ず火で罰するであろう」と応酬するなど、緊張が高まりました。

ミサイル発射実験や核実験を繰り返す北朝鮮に対して、アメリカはグアムに配備する戦略爆撃機をたびたび朝鮮半島に派遣するなどして北朝鮮を威嚇しました。一一月には、日本海に空母三隻を同時に展開させる異例の行動をとり北朝鮮の面前で大規模な軍事演習を行いました。

アメリカは水面下で、実際に北朝鮮を攻撃する作戦計画を練っていたとも言われています。日本政府にも、武力行使のオプションを排除しない考えを伝えていました。

アメリカが北朝鮮を先制攻撃した場合、日本にも甚大なる影響が予想されることから、日本政府は「万が一、外交政策が万策尽きて北朝鮮を攻撃する場合は日米の事前協議の対象としたい」と要請、アメリカ政府もこれを受け入れたといいます（「日本経済新聞」二〇一七年四月一二日）。

実際、北朝鮮はアメリカと戦争になった場合、在日米軍基地がある日本を攻撃目標とすることを明言していました。幸いにも戦争は回避され、外交的解決へと進みましたが、もし事前協議が行われていたら、日本政府は果たしてどう答えていたでしょうか。

密約で骨抜きにされた事前協議制

日米安保条約には、「事前協議」という制度があります。正確に言うと、条約の本文ではなく、条約の締結と同時に取り交わされた「交換公文」で定められています。

日米両政府が日米安保条約に調印した一九六〇年一月一九日、岸信介首相とハーター国務長官との間で事前協議制に関する交換公文が交わされました。

これにより、米軍が以下の三つの行動をとる場合は、日本政府との事前協議が義務付けられました。

①合衆国軍隊の日本国への配置における重要な変更
②同軍隊の装備における重要な変更
③日本国から行なわれる戦闘作戦行動（前記の条約第五条の規定に基づいて行なわれるものを除く。）のための基地としての日本国内の施設及び区域の使用

この事前協議制について、岸首相は国会で「日本が不当に戦争に巻き込まれるような危険があるのではないかという国民の懸念も考えまして、これを事前協議の対象として、日本は自主的に、日本の平和と安全に関係のないような場合におきましてはこれを拒否していくという根拠を明らかに」したと説明しました（一九六〇年二月一〇日、参議院本会議）。

旧安保条約の時代、前章で紹介した駐日アメリカ大使館が作成した在日米軍基地に関する秘密報告書が記していたように、アメリカは「日本政府とのいかなる相談もなし」に在日米軍基地を自由に使うことができました。

それを、日本が不当に戦争に巻き込まれるような危険がある場合は基地の使用に「ノ

ー」と言えるようにしたのが、一九六〇年の安保条約改定の「目玉」でした。

しかし、安保条約改定の裏で、事前協議制を実質的に骨抜きにするような合意が密かに結ばれていたのです。

前述の「交換公文」を取り交わすのに当たり、日米両政府は、事前協議を必要とする米軍の三つの行動の解釈について以下のように合意しました。

①「装備における重要な変更」は、核兵器および中・長距離ミサイルの日本への持ち込み（イントロダクション）ならびにそれらの兵器のための基地の建設を意味するものと解釈されるが、たとえば、核物質部分をつけていない短距離ミサイルを含む非核兵器の持ち込みは、それに当たらない。
②「条約第五条の規定に基づいておこなわれるものを除く戦闘作戦行動」は、日本国以外の地域にたいして日本国から起こされる戦闘作戦行動を意味するものと解される。
③「事前協議」は、合衆国軍隊とその装備の日本への配置、合衆国軍用機の飛来（エントリー）、合衆国艦船の日本領海や港湾への立ち入り（エントリー）に関する現行の手続きに影響を与えるものとは解されない。合衆国軍隊の日本への配置における重要な変更の場合を除く。
④交換公文のいかなる内容も、合衆国軍隊の部隊とその装備の日本からの移動（トラン

スファー）に関し、「事前協議」を必要とするとは解釈されない。

③が、いわゆる「核密約」と呼ばれているものです。①で核兵器の日本への持ち込み（イントロダクション）を事前協議の対象としておきながら、核兵器を搭載した米軍の軍用機や艦船が一時的に日本に立ち寄る（エントリー）のは事前協議の対象にはしないと合意していたのです。

また、「戦闘作戦行動」についても、米軍機が日本国外で空爆を行うために日本の基地から直接発進する場合は事前協議の対象とする一方、日本に配備されている米軍機が日本国外に移動し、そこから発進して空爆を行う場合は事前協議の対象とはならないという解釈で合意していたのです（④）。

この密約は、一九六〇年一月六日に藤山愛一郎外相とマッカーサー駐日大使との間で「討議の記録」という形で結ばれました。これにより、アメリカは安保条約改定後も、日本政府との相談なしに核兵器の持ち込みを続け、在日米軍基地を日本国外での作戦のために自由に使ってきました。

ベトナム戦争、湾岸戦争、アフガニスタン戦争、イラク戦争では、日本の基地から米軍が出撃していきました。しかし、いずれも「戦闘作戦行動」ではなく、単なる「移動」という名目で行われ、事前協議が行われたことは一度もありません。

安保条約改定の「目玉」だった事前協議制は、岸首相の国会での説明とはまったく異なり、密約によって有名無実化してしまったのです。

朝鮮半島有事を事前協議の対象外とする密約も

安保条約が改定された時、日本からの「戦闘作戦行動」にかかわって、もう一つ重大な「密約」が結ばれていました。

日米両政府が新安保条約の批准書を交わした一九六〇年六月二三日に、当時の藤山外相とマッカーサー駐日大使との間で結ばれた密約です。二〇〇八年にジャーナリストの春名幹男氏がアメリカのミシガン大学フォード大統領図書館で発見しました。

藤山外相はマッカーサー大使に次のように約束し、議事録に両者がサイン。議事録は非公表とされました。

マッカーサー大使　朝鮮半島において停戦協定の違反による攻撃が行われた際、在日米軍が直ちに日本からの戦闘作戦行動を取らなければ国連軍としての反撃ができない事態が生じうる。そのような例外的な緊急事態が生じた場合、日本における基地を作戦上使用することについての日本政府の見解を伺いたい。

藤山外相　在韓国連軍に対する攻撃による緊急事態における例外的な措置として、停戦協定の違反による攻撃に対して国連軍の反撃が可能となるように、国連統一司令部の下にある在日米軍によって直ちに行う必要がある戦闘作戦行動のために日本の施設・区域が使用されることができる（may be used）というのが日本政府の見解であることを岸総理からの許可を得て発言する。（外務省「いわゆる『密約』問題に関する調査報告書」二〇一〇年三月）

朝鮮半島有事が発生し、在日米軍が朝鮮国連軍司令部の指揮下で直ちに戦闘作戦行動をとらなければならなくなった場合、事前協議なしで在日米軍基地の使用を認めるとあらかじめ約束していたのです。

日本側は当初、このような密約を結ぶことは「事前協議に関する折角の新たな交換公文の国内的効果を減殺するものであって容認し難かった」（外務省交渉記録）と反発していましたが、アメリカ側の強い要求に押され、ついに「不承不承ながら同意」（アメリカ側交渉記録）してしまいました。

二〇一〇年、当時の民主党政権が歴代の自民党政権が否定してきたこの密約の存在を認め、議事録を公表しました。当時の岡田克也外相は、アメリカとの交渉で密約の失効を確認したと説明し、同時に、朝鮮半島有事の際にアメリカから事前協議がなされた場合には「適切かつ迅速に対応する」と約束したことを明らかにしました。

全土に基地を置く権利と「無制限の自由」

そもそも日米安保条約を最初につくった時に、アメリカが最も重視したのが、日本全土に基地を置く権利とその基地を自由に使用できる権利の獲得でした。

それを象徴する言葉が残されています。一九五〇年六月、日本を占領していた連合国軍のマッカーサー最高司令官が、占領終結後にアメリカがとるべき方針について記した覚書の中に以下の一文があります。

日本の全領域がアメリカの防衛作戦のための潜在的な基地と見なされなければならず、無制限の自由が防衛力を行使する米軍指揮官に与えられなければならない。

（23 June 1950, MEMORANDUM ON CONCEPT GOVERNING SECURITY IN POST-WAR JAPAN, TOP SECRET）

この覚書は、マッカーサー司令官の個人的な考えを記したものではありません。来日したジョンソン国防長官やダレス国務長官顧問と日本との講和のあり方について協議した後に、マッカーサー司令官が作成したものです。

アメリカの対日講和方針は、同年九月八日に開かれた国家安全保障会議（ＮＳＣ）でトルーマン大統領が承認して決定されます。この方針「ＮＳＣ60／1」には、「条約はアメリカに、必要とみられる規模の軍隊をどこにでも必要な期間、維持する権利を与えなければならない」と明記されています。

アメリカは、この方針に基づいて日本との交渉に臨み、日米安保条約と行政協定をつくりました。そして、占領終結後も日本全土に基地を置く権利とその基地を自由に使用できる権利を維持することに成功しました。

アメリカが、このような「占領軍的特権」の維持に固執した背景には、当時の時代状況がありました。

一つは、冷戦の激化です。とりわけ一九四九年に中国内戦で共産党が勝利したことは、アメリカにとっての日本の戦略的な価値に大きな変化をもたらしました。一九五〇年一月、アチソン国務長官は、アメリカの太平洋における防衛ラインを、アリューシャン列島から日本列島と琉球列島（沖縄）を通ってフィリピンにいたる線であると発言します。アメリカにとって日本は、ソ連や中国などの共産主義陣営と対峙する「最前線」の国として位置づけられたのです。

もう一つは、朝鮮戦争の勃発です。前出のマッカーサーの覚書が作成された二日後の六月二五日、北朝鮮が韓国への侵攻を開始します。これを受けて国連安全保障理事会がソ連欠席のもとで開かれ、北朝鮮の侵略を排除するために「国連軍統一司令部」を設置し、アメリカに司令官の任命を要請することを決議します。

アメリカ政府は、日本を占領する連合国軍最高司令官だったマッカーサー将軍を「国連軍」の司令官に任命し、「国連軍統一司令部」も東京に置きました。占領のために日本に配備されていた米軍の部隊も続々と朝鮮半島に派遣され、日本は丸ごと「国連軍」の出撃、兵站（へいたん）拠点と化しました。

講和条約と日米安保条約・行政協定の交渉は、まさにアメリカが日本を最大限利用しながら朝鮮戦争を戦う最中に行われたのでした。そのため、アメリカの特に軍部は、占領の終結によって日本における米軍の行動の自由が制約されることを強く懸念しました。そして、占領中と同じ行動の自由を保証することを、講和の条件としたのです。

吉田・アチソン交換公文と朝鮮国連軍地位協定

アメリカは、日米安保条約と行政協定によって在日米軍の占領軍的特権を確保するとともに、朝鮮国連軍の特権も維持するように日本政府に求めました。

日本政府はこの要求も受け入れ、一九五一年九月八日、吉田茂首相とアチソン国務長官が交換公文を取り交わしました（「吉田・アチソン交換公文」）。

これにより、日本は講和条約発効後も、朝鮮国連軍が日本に駐留することを認め、兵站などの支援を続けることを約束したのです。

朝鮮戦争は、北緯三八度線を越えて進撃した朝鮮国連軍と韓国軍が一時、中国との国境である鴨緑江（おうりょくこう）にまで達しましたが、中国の大規模な介入で押し戻され、やがて三八度線付近で膠着（こうちゃく）状態になります。そして、一九五三年七月二七日、三八度線近くの板門店（パンムンジョム）で朝鮮国連軍と北朝鮮軍、中国軍の間で休戦協定が結ばれます。ただし、朝鮮戦争を「北進統一」の機会と捉えていた韓国の李承晩（イスンマン）大統領は休戦を不服として休戦協定に参加しませんでした。

休戦協定により三年にわたった戦闘は止まりましたが、「朝鮮半島からの全外国軍の撤退、朝鮮問題の平和解決」を協議する政治会議は決裂し、戦闘のない戦争状態（休戦状態）が固定化することになります。朝鮮国連軍も解体されずに残りました。

朝鮮戦争休戦後も朝鮮国連軍の枠組みが残ったことを受けて、日本政府は一九五四年、朝鮮国連軍参加国と朝鮮国連軍の日本における法的地位について定めた地位協定を結びます。この地位協定（以下、「朝鮮国連軍地位協定」）に署名したのは、アメリカ、カナダ、ニュージーランド、イギリス、南アフリカ、オーストラリア、フィリピン、フランス、イタリアの九カ国です。

朝鮮戦争の休戦状態は現在も続いており、吉田・アチソン交換公文も朝鮮国連軍地位協定も有効です。

外務省のウェブサイトによると、横田基地内に朝鮮国連軍の「後方司令部」が置かれ、司令官ほか三人の要員が常駐しているといいます（二〇二一年八月時点）。

朝鮮国連軍地位協定の締約国は現在、日本も含めて一二カ国で、七つの米軍基地（横田基地、神奈川県のキャンプ座間と横須賀基地、長崎県の佐世保基地、沖縄県の嘉手納基地、普天間基地、ホワイトビーチ）が朝鮮国連軍の基地として共同使用されています。これらの基地には、アメリカの星条旗とともにブルーの国連旗が立てられています。

朝鮮半島で戦争が勃発した場合、朝鮮国連軍が再び動き出す可能性があります。その時、日本は吉田・アチソン交換公文に基づき、朝鮮国連軍の部隊の駐留を認め、さまざまな便宜を図ったり兵站支援を行うことになります。

つまり、朝鮮半島有事に関しては、日本の「自動参戦システム」とも言える枠組みがつくられてしまっているのです。

朝鮮戦争休戦の構図を利用するアメリカ

ちなみに、筆者（伊勢﨑）は、二〇一七年九月にソウルで開催された第一〇回太平洋地域陸軍参謀総長等会議（Pacific Armies Chiefs Conference）にアメリカ陸軍から直接招聘（しょうへい）され講演した際、中国を含む三二カ国の陸軍のトップとともに三八度線の「共同警備区域」を訪れ、朝鮮国連軍の実態を見てきました。国名は明かせませんが、国連

ＰＫＯに参加した経験のある軍幹部が数人おりました。この会議は三日間に及んだので、当然のこととして、同じ経験を持つ筆者（伊勢﨑）と、気安い雑談を交わす雰囲気が醸成されます。視察中の彼らの反応はというと、「国連の匂いが全くしないね」でした。

これを「国連軍」と呼ぶかどうかについては、一九九四年にブトロス・ガリ国連事務総長が当時の北朝鮮外務相に宛てた親書に、そのジレンマが表れています。

朝鮮国連軍は、安保理の権限が及ぶ下部組織として発動されたものではなく、それがアメリカ合衆国の責任の下に置かれることを条件に、単にその創設を奨励しただけのものである。よって、朝鮮国連軍の解消は、安保理を含む国連のいかなる組織の責任ではなく、すべてはアメリカ合衆国の一存で行われるべきである。（一九九四年六月二四日、「国連事務総長による北朝鮮外務相への新書」、伊勢﨑賢治訳）

国連憲章は「平和に対する脅威、平和の破壊又は侵略行為」があった場合における集団安全保障の措置として安全保障理事会が「国連軍」を編成して軍事的措置をとることができると規定しています（第四二条）。そして、「国連軍」の編成に当たっては、参加する国と安全保障理事会の間で特別協定を結ばなければならないとしています（第四三条）。

朝鮮国連軍は、この規定に基づいて編成された国連安保理が統括する正規の「国連軍」ではなく、アメリカ政府が任命する米軍司令官の統一指揮下で活動する多国籍軍です。安全保障理事会の決議によって「国連軍」の名称と国連旗を用いることを認められていますが、本来の「国連軍」とは似て非なるものです。

国連事務総長の親書にあるように、朝鮮国連軍は、現在の国連から、ある意味、匙を投げられている前世紀の〝遺物〟なのです。それなのに、なぜアメリカはこの維持にこだわるのでしょうか。

アメリカは、北朝鮮と中国に対峙するのは、自国ではなく〝国連〟であるという休戦の構図を維持したいのです。一種の印象操作のためだと言えるでしょう。筆者（伊勢﨑）が「共同警備区域」の責任者である米陸軍大佐と話をした時にも、ただその目的を「広報」するために訓練されているという印象を強く受けました。特に、中国に〝国連〟が対峙する印象操作は、トランプ政権と同じく対中強硬路線を強化する現在のバイデン政権にとっても、引き続き好都合なものでありつづけるでしょう。

そもそも「休戦」、もしくは「停戦」というのは、開戦になれば真っ先に傷つく当事者が向かい合っているからこそ、それらを「和平」に移行させる未来に真摯にコミットできるのです。それ以外の「部外者」は、そのプロセスを仲裁する役に徹する、これが和平プロセスの一般的な構図です。朝鮮国連軍では、開戦になれば最も早く最も大きな被害を受ける韓国が、〝独立した〟当事者としてその休戦の構図にいないのです。

開戦になったら誰がその指揮権を握るのか。韓国には、「戦時作戦統制権」をめぐるアメリカとの葛藤の歴史が今でも続いています。一九五〇年の朝鮮戦争勃発の際に李承晩元大統領が作戦指揮権を国連軍司令部に移管して以来、その奪回は、その後の歴代大統領の悲願であり続け、現在の文在寅（ムンジェイン）大統領に至ります。一九九四年に金泳三（キムヨンサム）大統領時に「平時」の作戦権を取り戻しましたが、やはり国家の存続にかかわる「戦時」の作戦権の奪回に韓国を突き動かすのは、本土が戦場となる「主権国家」としての自覚ゆえです（「ハンギョレ」二〇二一年三月二二日）。

ちなみに、日本における同様の「指揮権」の問題は、戦時にはアメリカが任命する統一司令官の下で日米共同作戦を行うことを吉田茂首相が口頭で了承した一九五二年の「統一指揮権密約」以来、国民に隠され続けてきました。吉田首相は、日本の国民感情と国内政治への影響を鑑み、この合意を秘密にすることを米側に求めたのでした（『日本はなぜ、「戦争ができる国」になったのか』矢部宏治）。

将来、すべての作戦統制権を韓国が手にしたら、直接の被害を被る当事者どうしが向き合う、本来あるべき休戦構造に一歩近づき、朝鮮国連軍の実態と、それをこれ以上存続させる実益が、広く国際社会に認知されることになると思います。他の朝鮮国連軍参加国の「本土」は、直接的な被害を被るには遠すぎるのです。

もし、中国とアメリカを含む参加国が休戦協定の「場外」に出れば、北朝鮮と韓国が直接の当事者として向かい合うことになります。そうなれば、北朝鮮にとって韓国は通常兵器だけで対処すればいい相手ですから、核兵器の保有や弾道ミサイルの開発に邁進（まいしん）する北朝鮮の動機は軽減するはずです。

アメリカと北朝鮮の協議と日本

二〇一八年四月二七日、韓国の文在寅大統領と北朝鮮の金正恩朝鮮労働党委員長の初めての首脳会談が板門店で行われました。

両首脳は「朝鮮半島の軍事的緊張状態を緩和し、戦争の危険を解消すること」で合意し、敵対行為の全面的な中止を決定。そして、朝鮮半島の完全な非核化と朝鮮戦争休戦協定の平和協定への転換、恒久的な平和体制の構築をめざすことを約束しました（「板門店宣言」）。

さらに、同年六月一二日には、史上初となるアメリカと北朝鮮の首脳会談がシンガポールで行われました。会談で、アメリカのトランプ大統領は北朝鮮に安全の保証を与えることを約束し、金委員長は朝鮮半島における完全非核化に向けて努力することを約束しました。そして、両国は共に朝鮮半島の恒久的な平和体制を築くために努力することで合意しました（「シンガポール宣言」）。

アメリカは今のところ、北朝鮮が求める休戦協定の平和協定への転換に応じる構えは見せていません。北朝鮮が完全な非核化を実行するのが先だというスタンスです。北朝鮮も、休戦協定を平和協定に転換して戦争状態を終わらせない限り、完全な非核化には応じられないというスタンスです。まだ両者の主張には隔たりが大きく、協議は思うように進んでいません。

現在、この問題で日本は完全に「蚊帳の外」に置かれていますが、日本も朝鮮戦争でつくられたレジームに完全に組み込まれている「当事国」です。

朝鮮半島有事になれば前述の「自動参戦システム」が起動します。逆に、朝鮮戦争を終結させることができれば、それは朝鮮戦争から生まれた日米安保体制の性格を大きく変える契機にもなるでしょう。

日本も、自らの問題として主体的に関与すべきです。

アメリカが再三求める「自由出撃」の保証

アメリカは日本に対して、「自由出撃」の保証を再三求めてきました。

たとえば、沖縄の施政権を日本に返還する際も、朝鮮半島や台湾海峡で有事が発生した場合に、沖縄の米軍基地を制限なく使用できるように日本政府の確約を得ようとしました。

当時の佐藤栄作首相は一九六九年一一月一九日に米ワシントンで行われたニクソン大統領との首脳会談で、「韓国の安全は日本自身の安全にとって緊要である」「台湾地域における平和と安全の維持も日本の安全にとってきわめて重要な要素である」と述べて、朝鮮半島と台湾海峡で有事が発生した場合の米軍基地の自由使用について暗に認めました。

さらに、同月二一日にナショナル・プレス・クラブで行った演説では、もう一歩踏み込みました。

朝鮮半島で有事が発生し、米軍が在日米軍基地を戦闘作戦行動の発進基地として使用しなければならないような事態が生じた場合には、「事前協議に対し前向きにかつすみやかに（positively and promptly）態度を決定する方針である」と明言したのです。「前向き」というのは、限りなく「イエス」に近いニュアンスです。

台湾海峡有事についても、「日本を含む極東の平和と安全を脅かすものになる」という認識をふまえて事前協議に対処すると、前向きなニュアンスを込めて発言しました。

一方、日本国内では、「事前協議でイエスを言えば、沖縄の米軍だけでなく東京も攻撃を受けることになるから、事前協議に対するイエス、ノーはよほど慎重でなければならない」（一九六九年六月一九日、衆議院内閣委員会）とも発言しています。

この発言の通り、もし日本から出撃した米軍機が外国で空爆をしたら、当然、地理的に米本土より近い日本が真っ先に反撃を受けると考えるのが普通です。出撃を認めるかどうかは、自国が武力攻撃を受けるという国連憲章第五一条の「個別的自衛権」に関わる重大な判断であり、あらかじめ「自由出撃」を認めることは、普通の「主権国家」であれば本来あり得ないことです。

地位協定で他国への攻撃を禁止したイラク

世界を見渡せば、アメリカの同盟国でありながら自国からの米軍の出撃を拒否したことがある国はたくさんあります。

たとえば、二〇〇三年に米英軍がイラクを攻撃した時、イラクと国境を接するトルコは国内の米軍基地の作戦への使用を拒否しました。

トルコはNATOの加盟国で、南部にあるインジルリク空軍基地はトルコ空軍と米軍が共同使用しています。アメリカはイラクを攻撃する際、同盟国であるトルコからイラク北部に攻め込む計画を立て、半年間の期限つきで最大で兵員六万二〇〇〇人と二五五機の戦闘機、六五機のヘリコプターのトルコへの展開を要請しました。

トルコ政府は多額の財政支援と引き換えに了承しましたが、野党は「戦争に巻き込まれトルコ国民が苦しむことになる」と強く反対。国民の九割以上がイラク攻撃に反対する世論を背景に与党内でも慎重論が広がり、議会は政府の提案を否決します。米軍は計画の変更を余儀なくされました。

このように、たとえ米軍駐留を受け入れていても自由には使わせない、特に米軍が基地を国外での戦闘作戦行動に使う場合は、その可否を受入国側で主体的に判断するというのが世界のスタンダードです。国家が参加あるいは加担する軍事作戦が、ひるがえって国民の安全にどういう影響を及ぼすかを考えるのは、主権国家として当たり前のことです。

国外での軍事作戦に基地を用いることを、明確に禁止した地位協定もあります。それは、二〇〇八年にイラクがアメリカと結んだ地位協定です。これには、イラク側の強い要求で、「他国を攻撃するためのルートもしくは出撃地点として、イラクの領土、海域及び空域を使用することは許されない」という条項が盛り込まれました。

イラクがこの条項を強く要求したのには、理由があります。

地位協定の交渉が行われている最中の二〇〇八年一〇月、イラクに駐留する米軍の特殊部隊が国境近くのシリアの村を越境攻撃したのです。イラクに外国人戦闘員を送り込む国際テロ組織アルカイダに関係するネットワークを狙って攻撃したといいます。イラク政府は、米軍が無断で隣国に越境攻撃を行ったことに強く抗議し、地位協定に国外への攻撃禁止を明記するよう要求。アメリカ側も、地位協定締結のために、これに譲歩せざるをえなくなりました。

占領が終結してまだ数年しか経っていない当時に、イラクは以下の条文にあるようにここまで米軍の行動を制限することに成功したのです。

〈イラク・米地位協定　第二七条〉
イラクの防衛と安定を支援し、国際社会の平和と安定に貢献すべく、イラク・アメリカ政府双方は、イラクの主権、政治的独立、領土的統一およびイラク憲法に基づく連邦民主制に対する脅威を抑止できるよう、イラク政府の政治的・軍事的能力の向上のため尽力する。そのために、以下のとおり合意する。
1　イラクの主権、独立および領海、空域を含む領土的統一、そしてイラクの民主主義、それによって選ばれた政府を脅かす内的・外的脅威がある場合、イラク政府の要請に基づき、イラク・アメリカ政府双方は戦略協議を直ちに開始し、双方の合意に基づき、アメリカは、かかる脅威に対処すべく、外交的・経済的・軍事的措置を執る。
2　イラク・アメリカ政府双方は、イラクの国軍、治安維持組織、そして民主主義の強化と維持のために緊密な協力をするものとする。その協力とは、イラク政府が要請し、双方が合意するところに従い、国内・国際テロ組織およびその他の非合法集団に対処するためのイラク国軍、治安維持部隊への訓練・装備・武器の供給を含む。

３　イラクの領土、海域および空域を、他国を攻撃するためのルートもしくは出撃地点として使用してはならない。

アメリカの代わりにテロリストに狙われるリスク

問題は、「戦争」だけではありません。

二一世紀になり、アメリカは世界最強の通常戦力をもってしても太刀打ちできない敵を自らつくってしまいました。

それは、二〇〇一年の九月一一日のアメリカ中枢同時テロ以来、一三年というアメリカ建国史上最長の戦争に米軍とＮＡＴＯ諸国軍を引きずり込み、二〇一四年末に軍事的勝利をあきらめさせ、アフガニスタンから主力戦力を撤退させることに成功した「テロリスト」です。

筆者（伊勢﨑）は、二〇〇三年からアフガニスタンにおいて、今に続く「対テロ戦」の黎明期に日本政府の特命を受けてアメリカの軍事戦略の中枢で勤務しました。現在、対テロ戦の様相は、さらに拡大。それもアメーバのように、アルカイダからイスラム国（ＩＳ）、ナイジェリアのボコ・ハラム、フィリピンのアブ・サヤフなど、その地において歴史的に形成された地元の不満分子の構造を取り込みながら、先進国でも「ホームグロウン・テロリズム」としてとりとめもなく複雑怪奇に増殖しています。

そして、二〇二一年四月、ついにアメリカ・バイデン政権は、アフガニスタンから「全撤退」を正式表明し、世界を驚かせました。それも「無条件」に。撤退完了日としたのは、9・11同時テロから二〇年の節目となる二〇二一年九月一一日です。

それまでのオバマ政権、トランプ政権も、アメリカ国民に広がる強い厭戦(えんせん)気分を考慮し、「撤退」を公約に試行錯誤を続けてきました。もはや「軍事的勝利」はあり得ない。しかし「敗北」はできない……。だからこそ、それを取り繕うために、それぞれの撤退計画の表明にあたって、アフガンでの透明かつ公明正大な民主選挙の実施による「民主主義の定着」や、アフガン国軍・警察の増強と成長、タリバン等の支配地域の奪回など、必ず「条件」を提示して来たのです。

しかし、バイデン政権の「無条件撤退」表明は、どう取り繕っても、タリバンへの「無条件降伏」にしか見えません。そして八月一五日。アフガニスタンのほぼ全土を掌握したタリバンは、首都カブールを陥落させ、八月三一日。ついに、米・NATO軍は一兵を残すことなく「敗走」します。タリバンの完全勝利であり、世界最強の米・NATO軍の完敗です。少なくとも、タリバン自身、そしてアルカイダやイスラム国（IS）等のテロリストたちは、そう捉え、そう喧伝(けんでん)し、帰依と支持を拡大していくでしょう。

これは、もはや、日本が自衛隊の通常戦力を増強し、日米同盟を強化することで太刀打ちできるという話ではないのです。

そのテロリストの教条的な敵はアメリカであり、そのアメリカを「体内」に置いていることの深刻さを日本はもっと認識すべきでしょう。

「日米安保でアメリカに守ってもらう」とだけ考えていればよい時代は終わりました。今後はアメリカが勝てない相手に、「アメリカの代わりに狙われるリスク」についても考えていかねばなりません。

ネバー・セイ・ネバー（あり得ないなんてことはない）。国防、安全保障論にまったく起こらないというリスクはありません。北朝鮮も、中国もリスクに違いありません。しかし、すべてのリスク、そして脅威への対処にはお金がかかるのです。無い袖は振れないのです。

すると、より大きな予算を獲得するには、個々のリスク／脅威は、より大きな声で自己主張しなければなりません。そして、ある特定の既得権益集団にとって得にならないリスク／脅威は、それが本当のリスク／脅威であっても、「想定外」にされます。既得権益集団とは、日本の場合、「嫌中」のように国民が気安く嫌悪できる脅威を言い募ることで支持を維持・拡大させたい政治勢力です。そして、それに付随する産業、メディア、言論界です。

アメリカが主導する有志連合が二〇一四年からイラクとシリアで始めたＩＳに対する軍事作戦にも、米軍三沢基地（青森県）に配備された戦闘機部隊などがたびたび派遣されています。北朝鮮が米軍の出撃拠点である在日米軍基地を標的にするように、ＩＳが日本をテロの標的とする可能性も十分考えられます。

米軍に対して主権を放棄し、その運用に口を出せない、あるいは口を出さないという日本政府の姿勢は、低空飛行訓練や環境汚染などで国民の命や安全を脅かすだけでなく、国民を戦争やテロに巻き込む危険性もあるのです。

トルコやイラクのように、いざという時には米軍の運用に「ＮＯ」と言えるような権限を確保することは、主権国家として国民の命や安全を守るために、そして勝てない敵をつくってしまったアメリカのためにも不可欠です。

そして、アメリカの代わりにテロリストに狙われるリスクを勘案しない日本の安全保障論は、特定の既得権益集団のプロパガンダにすぎないのです。

プーチン大統領が懸念した「安保条約上の義務」

二〇一六年の一二月半ば、安倍晋三首相の地元である山口県長門市で日露首脳会談が行われました。

この会談は注目をあびました。なぜなら、北方領土（歯舞群島、色丹島、国後島、択捉島（ろふ））問題の解決に向けて何らかの進展があるのでは、と期待されたからです。

北方領土問題をめぐっては、日本がソ連と国交を正常化した一九五六年の日ソ共同宣言で、平和条約締結後に歯舞群島と色丹島を日本に引き渡すことが明記されました。しかし、それから六〇年間、平和条約締結に向けた交渉は膠着状態が続いてきました。

これに対し、二〇一六年五月にロシアのソチでプーチン大統領と首脳会談を行った安倍首相は、「今までの発想にとらわれない新しいアプローチ」で交渉を進めていくことを提案、プーチン大統領もこれに同意しました。

両者は九月にも、ロシアのウラジオストクで会談。会談後、安倍首相は「二人だけで、かなり突っこんだ議論ができた。『新しいアプローチ』に基づく交渉を今後具体的に進めていく道筋が見えてきた。手応えを強く感じとることができた」とコメントしました（「読売新聞」二〇一六年九月三日）。

こうした経緯の中で、一二月の首脳会談では北方領土問題の進展への期待が高まったわけですが、結果的には日露両国が北方領土での共同経済活動を具体的に進めていくことで合意するにとどまり、多くの国民を落胆させました。

実は、首脳会談に向けた両国の協議の中で、ロシア側が態度を硬化させるこんな出来事があったと報じられています。

（一一月）上旬、モスクワ入りした谷内正太郎・国家安全保障局長は、ロシアのパトルシェフ安全保障会議書記と会談。複数の日本政府関係者によると、パトルシェフ氏は、日ソ共同宣言を履行して二島を引き渡した場合、「島に米軍基地は置かれるのか」と問いかけてきた。谷内氏は「可能性はある」と答えたという。（「朝日新聞」二〇一六年一二月一四日）

この日本の報道を、ロシアのメディアは「（北方領土が）日本になれば、米軍基地が置かれる可能性がある」（国営テレビ）などと伝え、一斉に反発。ロシアのペスコフ大統領報道官は、「ロシアなら会談内容を明かさない」と日本側に強い不快感を示しました。

この谷内正太郎・国家安全保障局長の発言がロシア側の態度を硬化させたことは、首脳会談後の共同記者会見でのプーチン大統領の次の発言からも明らかです。

我々は米国の利益を含む、地域の全ての国家に対して敬意を持たねばなりません。これは完全に明らかです。しかし、これは何を意味するのでしょうか。これが意味するのは、例えばウラジオストクに、その少し北部に二つの大きな海軍基地があり、我々の艦船が太平洋に出て行きますが、我々はこの分野で何が起こるかを理解せねばなりません。しかしこの関連では、日本と米国との間の関係の特別な性格及び米国と日本との間の安全保障条約の枠内における条約上の義務が念頭にありますが、この関係がどのように構築されることになるか、我々は知りません。我々が柔軟性について述べるとき、我々は、日本の同僚と友人がこれら全ての微妙さとロシア側の懸念を考慮することを望みます。（首相官邸ウェブサイト「日露共同記者会見」二〇一六年一二月一六日）

ウラジオストクの海軍基地は、ロシアの太平洋艦隊の拠点です。日本に北方領土を返還した場合、その目と鼻の先に米軍基地がつくられる可能性があるのであれば、それはロシアにとって安全保障上受け入れがたいと暗に言っているのです。

さらに、プーチン大統領は、首脳会談の直前のインタビューでも次のように述べています。

しかし、日本が（米国との）同盟で負う義務の枠内で露日の合意がどのくらい実現できるのか、我々は見極めなければならない。日本はどの程度、独自に物事を決められるのか。我々は何を期待できるのか。最終的にどのような結果にたどり着けるのか。それはとても難しい問題だ。（「読売新聞」二〇一六年一二月一四日）

この二つの発言から読み取れるのは、日本が日米安保条約によって負っている「義務」にロシア側は注目し、またそこに最大の懸念を持っているということです。

領土問題の解決の障害にもなる「全土基地方式」

プーチン大統領が懸念した「日米安保条約上の義務」とは、「全土基地方式」と呼ばれているものを指しています。

日米安保条約は第六条で、アメリカが日本国内に米軍基地を置く「権利」を包括的に認めています。

〈日米安保条約　第六条〉
日本国の安全に寄与し、並びに極東における国際の平和及び安全の維持に寄与するため、アメリカ合衆国は、その陸軍、空軍及び海軍が日本国において施設及び区域を使用することを許される。（後略）

これと同様の規定は、韓米地位協定にはありますが、NATO地位協定やボン補足協定にはありません。NATO諸国では、基地提供は個別の協定（契約）に基づいて行われるものであって、基地を置くのは「権利」ではないのです。

NATO地位協定は、「互恵性」を原則としています。アメリカが外国に全土基地方式など認めるわけがありませんので、NATO地位協定にそんな「権利」が入る余地はまったくなかったはずです。

アフガニスタンの地位協定でも、全土基地方式など認めていません。同地位協定では、アフガニスタンの「主権」に対する全面的な敬意がうたわれており、基地や訓練区域の提供は、その「主権」をベースに合意されたものとなっています。駐留軍による軍事作戦が行われていて、新しい基地のニーズが「平時」よりずっと逼迫している「準戦時」とも言える状況でも、そんな「権利」は認めていないのです。

外務省が作成した「日米地位協定の考え方　増補版」では、日米安保条約と地位協定は日本のどこにでも基地の提供を求める権利をアメリカに認めている一方、個別の基地の提供にあたっては日米合同委員会を通じて協定を締結することになっているので、アメリカの要求にすべて応じる義務はないと説明しています。

ところが、説明はこのあと次のように続くのです。

地位協定が個々の施設・区域の提供を我が国の個別の同意によらしめていることは、安保条約第六条の施設・区域の提供目的に合致した米側の提供要求を我が国が合理的な理由なしに拒否し得ることを意味するものではない。特定の施設・区域の要否は、本来は、安保条約の目的、その時の国際情勢及び当該施設・区域の機能を綜合して判断されるべきものであろうが、かかる判断を個々の施設・区域について行うことは実際問題として困難である。むしろ、安保条約は、かかる判断については、日米間に基本的な意見の一致があることを前提として成り立っていると理解すべきである。

筆者（布施）は、初めてこれを読んだ時、本当に驚きました。

いくら同盟を結んでいるとはいえ、日本とアメリカは、それぞれ独立した別の主権国家です。当然、アメリカが「必要だ」と要求してきた基地について、日本が「それは必要とは考えられない」と判断して断ることはありうるはずです。

しかし、この外務省の解説では、そうではなく、「日米間に基本的な意見の一致があることを前提として成り立っていると理解すべきである」と言うのです。これはつまり、アメリカが必要だと判断して要求する基地については、日本も必要と判断して提供することが、日米安保条約の前提になっているということです。

信じがたいことですが、これが、日本のどこにでも基地を求めることを権利としてアメリカに認めていることの結果なのです。

だから、ロシアが北方領土を日本に返還した後、アメリカが北方領土に米軍基地を設置することを要求してきたら、日本は基本的にそれに同意することになります。

また、返還に向けた交渉を行っている段階でも、日本政府がロシア側に「返還された場合、北方領土に米軍基地は置かない」などと約束することもできません。それは、日米安保条約と日米地位協定がアメリカに認めている「日本国内のどこにでも基地を求める権利」を侵害することになるからです。

実際、「日米地位協定の考え方　増補版」には、このことがはっきりと記されています。

このような考え方からすれば、例えば北方領土の返還の条件として「返還後の北方領土には施設・区域を設けない」との法的義務をあらかじめ一般的に日本側が負うようなことをソ連側と約することは、安保条約・地位協定上問題があるということになる。

これこそが、プーチン大統領が述べた「日本と米国との間の関係の特別な性格」「米国と日本との間の安全保障条約の枠内における条約上の義務」の内容です。

ロシアとの係争地交渉に成功したノルウェー

これまで係争中の領土問題を外交的に解決した事例をみても、お互いの警戒を解く上で、そこに相手国の脅威となる軍隊を置かないという約束は決定的に重要でした。

NATO加盟国でもある北欧の小国ノルウェーの例が示唆的です。

ノルウェーは、バルト三国が二〇〇四年にNATOに加盟するまでソ連／ロシアと国境を接する唯一のNATO加盟国でした。両国の間には北極圏の「バレンツ海」があり、お互いが主張する領海にズレがあって四〇年近くずっと係争中でした。

ここは、冷戦時代からソ連の弾道ミサイル潜水艦配備の要所であるばかりでなく、原油や天然ガス、そして漁業資源が豊富です。ここで二〇一〇年、一七万五〇〇〇平方キロメートルにも及ぶ係争海域をほぼ二等分することで合意に達したのです。そして、環境や乱獲、違法操業に配慮しながら双方がそれぞれの漁業を監視・管理することや、地下埋蔵資源が境界を跨（また）ぐ場合は、双方の合意に基づきながら共同で開発してゆくことが確認されたのです。

ノルウェーはNATOの加盟国ですが、NATO地位協定は日米地位協定のように「どこにでも基地の提供を求める権利」など認めていません。加えて、ノルウェーでは長年、与野党のコンセンサスとして、自国領内に外国軍隊を駐留させないということがあり、そのことは広く対外的にも認知されていました。

一九五九年にノルウェー国会が核兵器の持ち込みを全面的に禁止することを宣言し、同年のNATO会議で大統領がノルウェーは冷戦下の核競争に加わらないと正式に表明し、その後、ノルウェー軍が核搭載可能なミサイルを常備しますが、核弾頭の国内持ち込みは頑なに拒否し続けています。

一九八〇年代になると、ノルウェーは、米海兵隊が使用する武器を保管せよという強い要請を受けます。これは、もしノルウェーが攻撃されNATO条約第五条、いわゆる集団防衛が発動された時に必要であるというものでしたが、これも拒否します。その後、ノルウェー世論を二分する論争の後、ロシア国境からほど遠いトロンデラーグというノルウェー中部地域に米海兵隊の武器を保管することが合意されます。冷戦中を通してノルウェーは、NATO軍による陸海空域の通過を厳しく統制してきました。もちろん、核を搭載した艦船の寄港を許しませんでした。

一九五七年にノルウェーがバレンツ海内の北極点に近いスバルバル群島に初めて民間空港を開設した時には、ソ連だけに寄港と地上スタッフの配置まで許しましたが、NATO諸国には許しませんでした。

これらは、ノルウェーがNATOの一員でありながら東西両陣営の狭間にある「緩衝国家」としてのアイデンティティーを確立し、それを内外に誇示することで国防の要としてきた試行錯誤の結果なのです。このアイデンティティーがなければ、バレンツ海の係争解決において、ロシアが同意するどころか、二国間の交渉にすら応じるわけがありません。

この合意の後、現在、このアイデンティティーは部分的に崩れています。クリミア半島へのロシアの軍事侵攻を受けて、ロシアと国境を接する北欧諸国がNATOへの結束を高めつつあるのです。結果、ノルウェーでは、戦後初めて、小規模ながら三〇〇人ほどのアメリカの海兵隊の駐留を二〇一七年から許しました。二〇一八年末までの期限つきで、場所は前記のトロンデラーグです。しかし、その後、その数は倍増し、期限も五年延長され、そして、ロシアに少し近づいたトロムス県に駐留するようになりました。「常駐」ではないと国民に説明してはいますが。

さらに、バレンツ海に臨むバルドーという過疎の漁村にノルウェーがアメリカに設置を許したレーダー施設「グローブス」は冷戦時代に始まったプロジェクトで、ロシアの原子力潜水艦に対するアメリカの戦略情報の九割はノルウェーに依存すると言われています。このレーダーはアメリカ政府によって建設されましたが、管理運用者はノルウェー政府諜報機関です。グローブスⅠ、Ⅱとアップグレードされ、現在のⅢは二〇二二年の完成を目標に建設が進んでいます。

二〇二一年四月一六日には、ノルウェーの国防大臣がアメリカと補足協定に署名をしました。文面には、NATO軍の国内常駐、そして核兵器の持ち込み・配備・寄港を禁止する従来の原則に変更はない旨が明記されていますが、米軍がノルウェー軍と合同で使用できる空軍拠点三カ所、海軍拠点一カ所が新たに建設されることになります。建設費用その他はアメリカ国防省の予算で賄われ、将来はすべての施設がノルウェーの所有物になります。

二〇二一年五月一〇日、米軍の原子力潜水艦がノルウェー北部のトロムソ市のグロッツンド港に初めて寄港しました。トロムソ市議会は、この是非を巡って割れました。ここは民間港ですから、近くにトロムソ大学や大学病院などの公共施設があります。原子力潜水艦の原子力事故を想定した十分な措置と準備をする暇もない中での寄港だったのです。さらに、核兵器搭載の有無が定かではなく、搭載していれば明らかに「原則」に反します。

トロムソ大学は、ノーベル委員会と歴史的なつながりがあり、平和研究で世界的に有名です。所属先の東京外国語大学を通じて親密な学術交流をおこなってきた筆者（伊勢﨑）にとって非常に馴染(なじ)みのある大学です。その意味でも象徴的な事件です。

以上、一連のノルウェーの「原則」における新しい展開は、ノルウェーの国内世論を二分し、ロシアを刺激しています。今後も予断を許しませんが、ノルウェーがロシアに対峙してきた歴史は、同じ「緩衝国家」としての日本にとって示唆に富みます。

領土（領海）問題の解決は、当事者間の交渉であるはずです。しかし、日本は、アメリカなしでは、それができないのです。相手側は日本ではなくアメリカを見ているのです。

主権国家が、主権国家として、その主権の判断で交渉に臨む。この当たり前すぎる前提が、同じ主権国家である相手側に共有されていないと、真摯に交渉に向き合うはずがありません。

日米安保条約と日米地位協定の全土基地方式がある限り、ロシアの側から見たら、日本は領土問題の交渉がまともにできる「主権国家」ではないのです。プーチン氏の「日本はどの程度、独自に物事を決められるのか」という一見〝失礼〟に聞こえる発言は、紛れもない日本の姿を言い表したものなのです。

第四章
思いやり予算
日本のアメリカへの貢献は不十分なのか

「駐留経費は全額支払うべきだ。米国は債務国だ。自動車（輸出）を使って経済大国になった日本に補助金を払い続けることはできない」

二〇一六年五月、米大統領選で共和党候補指名を確実にしたドナルド・トランプ氏は、米CNNテレビのインタビューでこう語りました。

その後、当選して大統領になったトランプ氏は、日本を含む同盟国に米軍駐留経費の負担増を要求しました。

トランプ政権で国家安全保障問題担当の大統領補佐官を務めたジョン・ボルトン氏は自身の回顧録で、日本に従来の約四倍の年間八〇億ドル（約八五〇〇億円）の負担を要求したと証言しています。

米会計検査院（GAO）の報告書によれば、二〇一九年にアメリカ政府が支出した在日米軍駐留経費は五三億三九〇〇万ドル、日本政府が負担したのは三一億六三〇〇万ドルとなっています。トランプ政権が日本に要求した年間八〇億ドルは、駐留経費のほぼ全額に相当します。

もし、米軍が日本のためだけに駐留しているのであれば、駐留経費の全額を日本が負担してもおかしくはないでしょう。しかし、このあと述べるように、事実はそうではありません。

二〇二〇年一一月の米大統領選でトランプ氏が落選したため、従来の四倍もの法外な負担をアメリカから要求されることは、もうなさそうです。しかし、バイデン政権も、二〇二二年度以降の日本の負担額を定める新たな特別協定に関する協議で、日本に負担増を求めていると報じられています。

いったい日本は、どれくらい米軍の駐留経費を負担すべきなのでしょうか――。

「思いやり予算」のルーツにある密約

日本では、米軍駐留経費のことを、よく「思いやり予算」と呼びます。

一九七八年六月に、当時防衛庁長官であった金丸信（かねまるしん）氏が訪米した際、アメリカのブラウン国防長官に「在日米軍の駐留経費の問題については、思いやりの精神でできる限りの努力を払いたい」と約束したことから、こう呼ばれるようになりました。

金丸氏が「思いやりの精神で」と言った理由は、そもそも日米地位協定では、日本が米軍駐留経費を負担する義務はないからです。

日米地位協定は、米軍駐留経費の日米の負担について、第二四条で次のように定めています。

〈日米地位協定　第二四条〉

一　日本国に合衆国軍隊を維持することに伴うすべての経費は、二に規定するところにより日本国が負担すべきものを除くほか、この協定の存続期間中日本国に負担をかけないで合衆国が負担することが合意される。

二　日本国は、第二条及び第三条に定めるすべての施設及び区域並びに路線権（飛行場及び港における施設及び区域のように共同に使用される施設及び区域を含む。）をこの協定の存続期間中合衆国に負担をかけないで提供し、かつ、相当の場合には、施設及び区域並びに路線権の所有者及び提供者に補償を行なうことが合意される。

これを普通に読めば、基地提供にかかる経費、民有地の借り上げ料や基地周辺対策費などは日本側が負担し、それ以外の在日米軍の維持・運用にかかる経費はアメリカ側が負担するという意味にとれます。

実際、一九六〇年に日米地位協定が発効してしばらくは、そのように運用されていました。基地従業員の人件費や米軍住宅の光熱水費などはもちろん、米軍基地内の新施設の建設費や改修費などはすべてアメリカ側で負担していたのです。

しかし、この地位協定第二四条の解釈は一九七〇年代に入ってからなし崩し的に拡大され、日本の駐留経費負担は、アメリカに要求されるがまま加速度的に膨れ上がっていくことになります。

その最初の「蟻の一穴」（頑丈に造られた堤防も、蟻が開けた小さな穴が原因でやがて崩落することがある、ということを表す語）となったのは、沖縄返還交渉の中で交わされた一つの「密約」でした。

沖縄返還協定の調印を八日後に控えた一九七一年六月九日、愛知揆一外相とロジャーズ国務長官による大詰めの会談がパリのアメリカ大使館で行われました。

この会談で、地位協定第二四条をより柔軟に解釈し、沖縄返還にともなう米軍の部隊移動にかかる経費として、海兵隊岩国基地（山口県）と空軍三沢基地内の米軍兵舎改築費など六五〇〇万ドル（当時のレートで二三四億円）を日本側で負担することが約束されたのです。

沖縄返還協定では、返還にともなう日本の財政負担を三億二〇〇〇万ドルと明記していました。しかし、これとは別枠で米軍施設の改築費として六五〇〇万ドルを日本が負担することを、密かに約束していたのです。

この密約の存在は、社会党（当時）の楢崎弥之助衆院議員が入手した愛知・ロジャーズ会談の内容を記録した外務省の公電によって明らかになりました。楢崎氏の追及によって、政府は一九七三年二月七日の衆議院予算委員会で、この公電の存在を認めました。以下は、その議事録です。

楢崎議員　とにかくその電信文を出してください。電信文はあるとおっしゃったのですから、電信文を出してください。その上でわれわれは判断します。

大平外相　いま提出の御要請がございました資料につきましては、政府部内で一ぺん相談をさせていただきたいと思います。

楢崎議員　それじゃ、それが出てくるまで私は質問をこのまま待ちます。

〈暫時休憩に入る〉

大平外相　休憩前に御要求のありました電文は、昭和四十六〔筆者注：一九七一〕年六月九日、在仏大使発外務大臣あて電信第八七七号にかかるものと承知します。

この電文全体につきましては、国の重大な利益をおもんぱかりまして、政府といたしましては、秘密扱いにいたしておるわけでございます。しかしながら、御指摘の部分につきましては、すでに本委員会等の論議を通じまして、その内容がほぼ明瞭になってまいりましたので、その部分につきまして電文を読み上げたいと思います。

この電文のパラグラフ二でございます。

二、次に、ロ長官より、六五〔筆者注：六五〇〇万ドルのこと〕の使途につき日本政府のリベラルな解釈を期待するとの発言があり、これに対し本大臣より、できる限りのリベラルな解釈をアシュアする旨述べた。

以上でございます。

楢崎議員　第二項の内容が明確になったわけです。

そこで、この「リベラルな解釈」というのは、つまり地位協定の二十四条に関する解釈であるとわれわれは解せざるを得ませんが、どうですか。

大平外相　仰せのとおりと思います。（一九七三年二月七日、衆議院予算委員会）

愛知・ロジャーズ会談で愛知外相は、日本が密かに負担を約束した六五〇〇万ドルについて、日米地位協定第二四条の「できる限りのリベラル（自由）な解釈をアシュア（保証）する」とアメリカ側に約束していたのです。

これはつまり、それまで基地内の施設改修費などはアメリカ側負担としてきた地位協定二四条の解釈を拡大し、日本側で負担できるようにすることを意味していました。

過去の政府見解と矛盾する地位協定二四条の拡大解釈を批判する野党の追及に対し、政府は「地位協定第二十四条の解釈につきましては、（中略）その運用につき、原則として代替の範囲を越える新築を含むことのないよう措置する」との見解を示すことで切り抜けました（大平正芳外相、一九七三年三月一三日、衆議院予算委員会）。

米軍基地の施設改修費に関して日本側が負担できるのは、米軍施設のリロケーション（移設）など代替関係のある場合に限定し、まったくの新築の場合はアメリカ側の負担とする新たな政府見解を示したのでした。

しかし、日本政府はわずか六年後、この「大平答弁」をいとも簡単に投げ捨てます。

米軍基地従業員の人件費まで日本が負担することに

次にアメリカが駐留経費の負担増を要求したのは、基地従業員の人件費でした。

一九七三年、日本がアメリカドルとの固定相場制をやめて変動相場制に移行すると、円高ドル安が進みました。一九七一年までは一ドル＝三六〇円、七一年以降は三〇八円の固定レートでしたが、一九七七年には一ドル二三〇円台にまで円が高騰しました。

在日米軍基地の民間人従業員の給与額は、日本の国家公務員の給与額を基準にして決められます。円高ドル安の進行により、アメリカ政府が円で支払う基地従業員の人件費は大きく膨らみ、在日米軍の会計を圧迫していました。

この間、急速に膨張し始めた対日貿易赤字への不満も絡み、アメリカ国内ではアメリカが一方的に日本防衛の義務を負い、日本はそれに見合う負担をしていないと批判する

〝安保ただ乗り〟キャンペーンが巻き起こっていました。アメリカ議会とアメリカ会計検査院は一九七七年、日本の駐留経費負担はその経済力に見合っていないとして、いっそうの負担増を求めました。

そして、在日米軍は同年、人事院勧告に基づく基地従業員の給与のベア（ベースアップ）を頑として拒否する強硬な態度に出ます。これに対して、全国の米軍基地で働く労働者でつくる全駐留軍労働組合（全駐労）は「全国統一ストライキ」で対抗しますが、米軍側は日本政府の負担を要求して引き下がりませんでした。

しかし、基地従業員の人件費は、どう考えても地位協定第二四条でアメリカ側負担と明記している在日米軍の維持にかかわる経費であり、日本側で負担するわけにはいきません。

そこで日本政府は、基地従業員の人件費のうち、基地従業員の社会保険の事業主負担など法定福利費は「従業員の保護を図る見地から行う社会福祉政策のために我が国の法令に基づいて支出する経費であり、在日米軍がその任務遂行のために労働力を使用するのに直接必要な経費とはいえない」として、地位協定第二四条一項の「合衆国軍隊を維持することに伴うすべての経費」には該当しないという「解釈」を打ち出します。法定福利費の他に、福利厚生費と労務管理費も、「在日米軍がその任務遂行のために労働力を使用するのに直接必要な経費」ではないとして、地位協定上、アメリカ側に負担義務はないと説明します。

こうして、翌一九七八年度予算において、これらの総額六一億八六〇〇万円を日本側で負担することを決めます。

これにより、基地従業員の人件費についても地位協定第二四条に風穴が開けられ、なし崩し的な解釈の拡大が始まることになります。

一五年間で三〇倍に膨れ上がった思いやり予算

これまでが、「思いやり予算」のいわば「前史」です。その「本史」が始まるのは、一八一ページで述べたように金丸信防衛庁長官の時代です。

金丸氏は著書『わが体験的防衛論』（エール出版社、一九七九年）の中で、「思いやり予算」が生まれた経緯について、次のように振り返っています。


〔筆者注：一九七八年度〕予算案が成立した日だから、四月四日のことだ。丸山事務次官と亘理（わたり）施設庁長官が私のところへ来て言う。

「ラビング在日米軍司令官がやってきて、円高・ドル安で困りきっている。なんとかしてもらいたいと訴えている」とのことだった。

くわしく聞いてみると「（中略）基地の中に日本政府の負担で住宅を建設して欲

しい」「基地内の老朽施設も建て替えて欲しい」といった陳情があったのだそうだ。
当時、基地施設に関しては、地位協定上、政府の解釈として「代替の範囲を超える新規提供はしない」があり、新規の施設の提供は難しいということになっていた。（中略）そこで（中略）「（中略）責任は私が持つし、できるかぎり野党対策も引き受ける。発想の転換でやってみてもらいたい」と強く指示した。（中略）われわれは極秘のうちに、地位協定の思い切った柔軟解釈による、在日米軍に対する財政援助を実現する決意を固めたのであった。

金丸氏は、一九七八年六月のブラウン国防長官との会談で「在日米軍の駐留経費の問題については、思いやりの精神でできる限りの努力を払いたい」と約束して以降、文字通り、この「地位協定の思い切った柔軟解釈による、在日米軍に対する財政援助」を実行します。

一九七九年度予算から、代替施設に限るとしていた「大平答弁」を事実上投げ捨て、米軍基地内の新規の隊舎や家族住宅の建設費も日本側で負担するようになります。基地従業員の人件費についても、前年度に負担した福利関係費に加えて、格差給と語学手当、そして退職手当の一部を日本側で負担するようになりました。

そして、基地従業員の人件費については、「現行の地位協定によって解釈される範囲で、ほぼフルに日本側が負担している」として、これ以上負担を増やす余地はないという見解を示しました（大来佐武郎外相、一九八〇年三月一〇日、参議院予算委員会）。

ところが、アメリカはさらなる負担増を日本に要求し、七年後、ついにこの壁も突破されます。

解釈の拡大によってこれ以上負担を増やせないことから、地位協定第二四条の「原則」は変えず、「暫定的、特例的、限定的」に「例外」を設ける特別協定を一九八七年に締結したのです。これにより、それまでの負担に加えて、扶養手当、通勤手当、住居手当、退職手当など八つの手当の経費の二分の一を上限に日本側で負担することになりました。

さらに、翌一九八八年には早くも特別協定が改定され、八手当の日本側負担の上限が二分の一から全額に引き上げられました。

こうなると、「蟻の一穴」から始まった堤防の決壊は止まらなくなります。

一九九〇年八月にイラクのクウェート侵攻が起こると、アメリカは多国籍軍に自衛隊を派遣できない日本に対して、経済的貢献の一つとして米軍駐留経費のさらなる増額を要求します。

翌一九九一年四月、特別協定が改定され、ついに基地従業員の基本給と時間外勤務手当も日本側で負担することになります。それだけではありません。基地内の光熱水費や

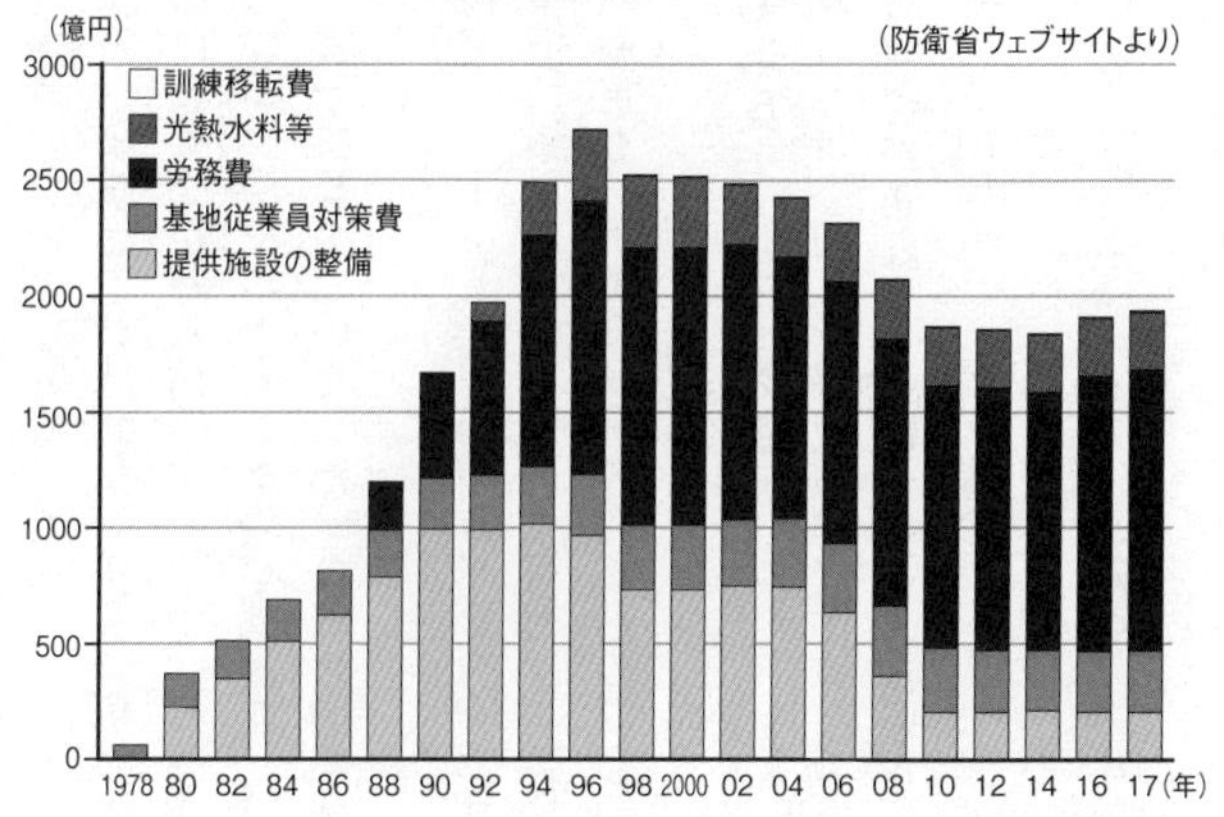
在日米軍 駐留経費負担の推移
(億円)
(防衛省ウェブサイトより)
3000
2500
2000
1500
1000
500
0
訓練移転費
光熱水料等
労務費
基地従業員対策費
提供施設の整備
1978
80
82
84
86
88
90
92
94
96
98
2000
02
04
06
08
10
12
14
16
17(年)

暖房用の燃料代までもが日本側の負担となりました。

施設整備費も、当初の隊舎や家族住宅だけでなく、航空機の格納庫やシェルター、車両整備工場など米軍の運用に直接かかわる施設、そして学校や病院、スーパーマーケットなどの生活関連施設からゴルフ場やボウリング場、映画館、バーなどの娯楽施設にまで日本の税金が投入されるようになっていました。これらの娯楽施設で働く従業員の給料や手当も、日本持ちです。

一九七八年度に六二億円でスタートした思いやり予算は、わずか一五年の間に、三〇倍を超える二〇〇〇億円規模に膨らんでいました。当初は、「暫定的、特例的、限定的」という説明で結ばれた特別協定も、事実上、恒久的なものになっていきます。

自衛隊員を後回しにして米兵士の生活を快適に

ここまでくるとアメリカも、日本の駐留経費負担を手放しで評価するようになります。一九九五年にアメリカ国防総省が発表した「東アジア戦略構想」という文書では、「日本は、アメリカのいかなる同盟国にもまして、米軍受入国としての群を抜く寛大な支援を提供している」と絶賛しました。

一方、米軍へのあまりの〝大盤振る舞い〟に、自衛隊関係者から不満の声が漏れるようになります。

「私は神奈川県の米海軍厚木基地のそばに住んでいますが、ここ数カ月、近くでは米軍官舎の建設ラッシュです（中略）官舎が、もういくつも建っているのに、毎日杭打ちの音が聞こえてきます。中は、どうなっているのか知りませんでしたが、三寝室、食堂兼居間、キッチン、浴室とシャワー室がつき、広さは百二十から百三十平方メートルと知って、まさか、そんな立派で、広かっただなんてショックでした」

これは一九九二年七月三日の「朝日新聞」の「声」欄に載った海上自衛官二尉の妻の投書です。

立派な米軍将兵の宿舎に比べて、自分たちの官舎は3DKで狭く、「壁もパラパラ落ち」るあばら屋だとして、「日本政府は、米軍や家族には、あんなに親切なのに、日本を守る自衛官には、どうして冷たいのでしょう。こんなお粗末な扱いをしながら、今度は海外へ行けと政府は言っています。低い給料、狭くて古い官舎等の問題を解決してから、海外派遣を命令する資格ができるというものではないでしょうか」と米軍だけを〝思いやる〟日本政府への不信感を書きしるしています。

一九八七年の国会会議録によれば、米軍の家族住宅の代表的なタイプは広さ一二〇平方メートルで建設費は約二九〇〇万円。一方、自衛隊の家族用官舎は、広さが約五〇平方メートルのタイプが多く、建設費は全住宅の平均で約一〇〇〇万円となっています。米軍の司令官用宿舎にいたっては、広さ二四三平方メートルに四つの寝室と三つの浴室があり、リビングは三二畳、ダイニングは一八畳の豪華さです。

日本政府は、米軍の家族住宅は「アメリカ側の基準に基づいて整備している」と説明していますが、ドイツやイタリアなどでは米軍が自前で建設しています。日本でも、米軍が自前で建設しているのであれば、自衛官やその家族から不満が出ることはないと思います。しかし、日本の税金で造っているのに、これだけの格差があれば、不満が出るのは当然です。

しかも、一九九一年の特別協定改定以降は、光熱水費まで日本が負担しているのです。どれだけ電気を使っても電気料がかからないので、留守中もエアコンをつけっ放しにする米兵家族が少なくないといいます。過去には、エアコンをつけたまま、アメリカに一時帰国したケースもありました。ちなみに、自衛隊の官舎での光熱水費は、隊員の自己負担となっています。

二〇一七年度予算では、日本が負担する在日米軍の光熱水費は二四七億円となっています。一方、自衛隊の光熱水費は三二九億円。自衛官は約二二万五〇〇〇人（『防衛白書』二〇一七年版）いるのに対し、在日米軍は軍人と軍属を合わせても四万人に満たない数です。在日米軍が、いかに電気やガス、水などをふんだんに使っているかが、この数字からもわかります。

実は、一九九一年の特別協定改定で米軍の光熱水費まで日本側で負担することについ

米軍と自衛隊の住宅比較

米軍住宅の間取り例（4 寝室タイプ、157 ㎡）

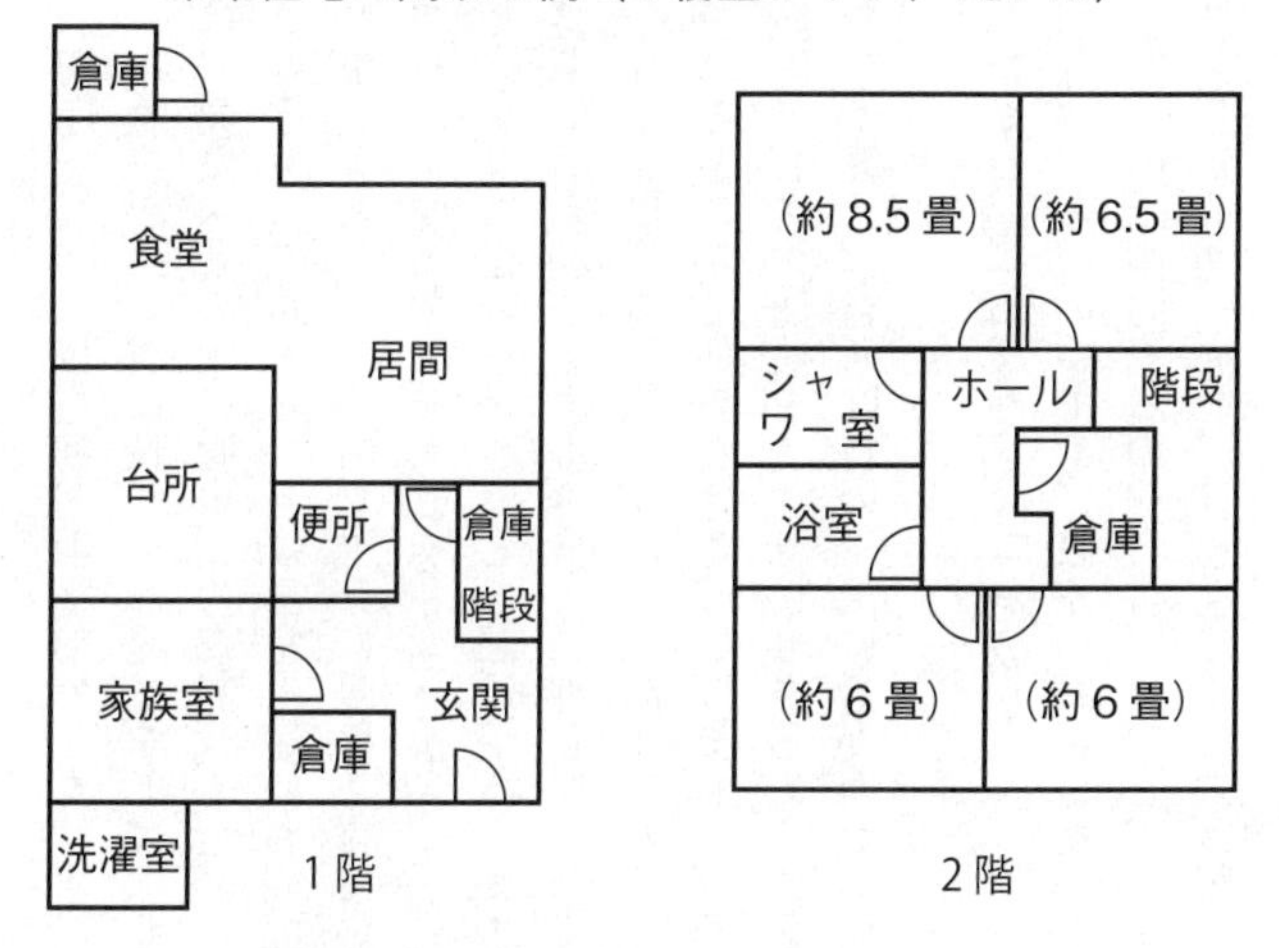

自衛隊官舎の間取り例（3LDK、74 ㎡）

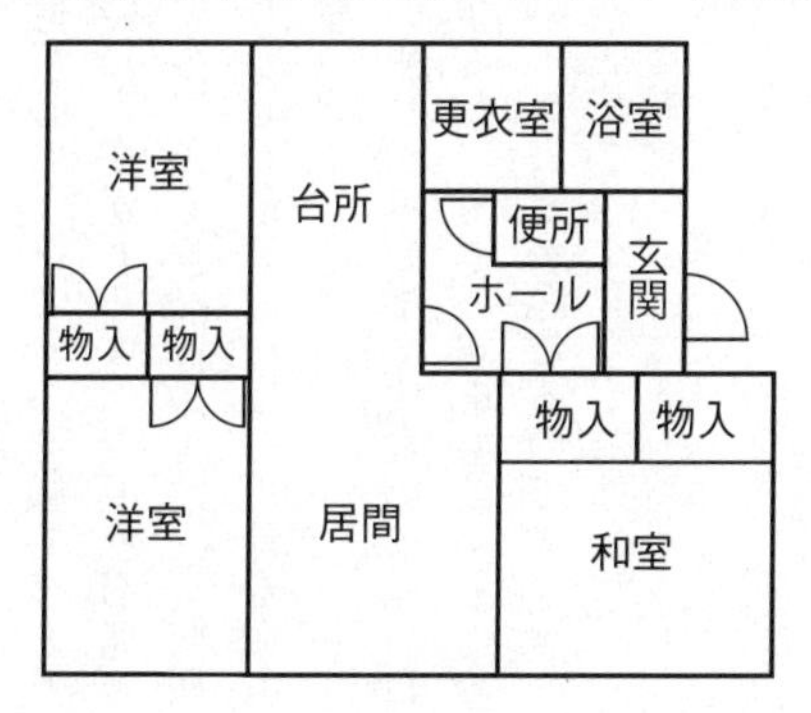

ては、防衛庁（当時）は当初、消極的でした。

筆者（布施）が外務省に情報公開請求をして入手した当時の外務省と防衛庁の協議の記録には、光熱水費の中に暖房用の燃料代も含めることを主張する外務省に対し、防衛庁は「そもそも『光熱水料』とは日常生活において最低限必要となるものを指しており、自衛隊員が吹きさらしの生活で十分に暖房を得ていないにもかかわらず、なぜ在日米軍の暖房費を日本側で負担する必要があるのかとの議論が出てくる可能性が高い」（防衛局長）と首を縦に振らなかったとの記述があります。しかし、最終的には、可能な限り米軍の要求に応えようとする外務省に押し切られてしまいます。

思いやり予算は防衛予算の枠内で捻出するため、思いやり予算を増やすためには、自衛隊の予算をどこかで削らなければいけません。そうなると、米軍住宅を増設するために、自衛隊の官舎の建設を先送りにせざるをえないといったことが起こるのです。

思いやり予算は、自衛隊員の士気にもかかわる問題となっています。

「安保ただ乗り論」は方便にすぎない

米軍が駐留する国の中でも、日本の負担は突出しています。

二〇〇四年の米国防総省の報告書によると、日本の負担は四四億一一三四万ドル（二〇〇二年）と断トツ一位で、日本を除く二六カ国の合計四〇億八八六六万ドルをも上回

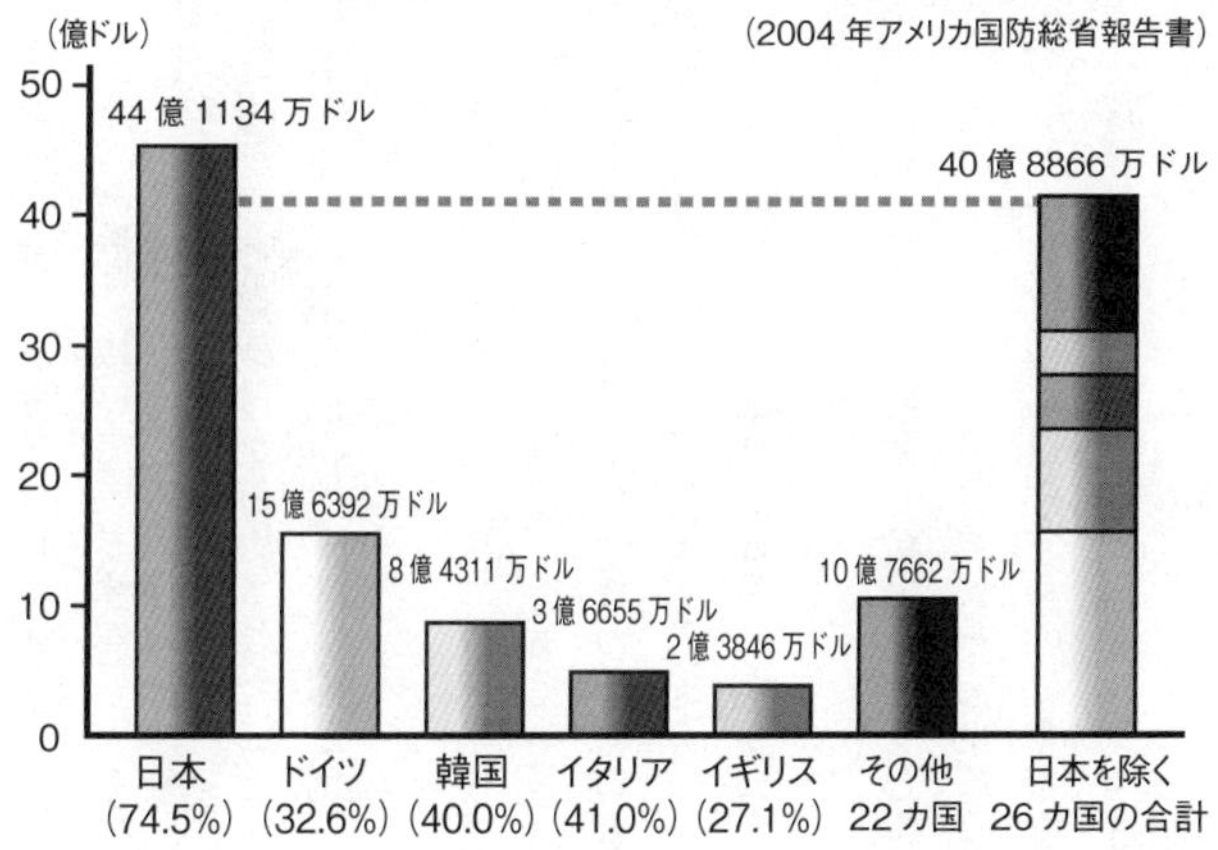

アメリカ同盟国27カ国が負担する米軍駐留費（年間）
（億ドル）
（2004年アメリカ国防総省報告書）
50
40
30
20
10
0
44億1134万ドル
15億6392万ドル
8億4311万ドル
3億6655万ドル
2億3846万ドル
10億7662万ドル
40億8866万ドル
日本
（74.5%）
ドイツ
（32.6%）
韓国
（40.0%）
イタリア
（41.0%）
イギリス
（27.1%）
その他
22カ国
日本を除く
26カ国の合計

っています。負担率でも、日本は七四・五％で、ドイツ三二・六％、韓国四〇％、イタリア四一％など他の同盟国と比べて群を抜いています（一九七ページの表）。

かつて、国会でも、なぜ他の米軍駐留国と比べて日本だけが突出した経費負担をしなければいけないのかという質問が、野党議員から出されたことがあります。

それに対して、政府は日本の経費負担が他の米軍駐留国と比べて多いのを認めた上で、次のように説明しました。

まずこの駐留経費の負担の仕方の差の前に、そもそもＮＡＴＯ条約、あるいは米韓、米比も同様でございますけれども、それぞれの条約のもとで関係国は相互防衛義務、つまりアメリカを守る義務を負っているという点がございます。（松浦晃一郎外務省北米局長、一九九一年四月二日、参議院外務委員会）

つまり、集団的自衛権を行使して相互に防衛し合うＮＡＴＯや韓米相互防衛条約と違って、日米安保条約は「片務的」＝日本がアメリカに一方的に守ってもらうものなので、日本がドイツや韓国と比べて駐留経費を多く負担するのはやむをえないという理屈です。

しかし、日米安保条約が「片務的」というのは正確ではありません。

実際、この国会で、野党議員から「アメリカが（日本に）どんどん（駐留）経費を押しつけてきている背景には、日本は安保にただ乗りしているじゃないかという風潮とか議論があるのではないか」と問われた中山太郎外務大臣はこう答えました。

私は、安保ただ乗り論というアメリカの意見、そういうものについてただ乗りをしているという考えは持っておりません。日本は、日米安全保障条約に基づいて米軍に、極東の平和、安全のためにも効果がある日本の基地を地位協定によって提供しているわけでございますから、双務的な協定である、このように考えて、ただ乗り論という考えには同意をいたしかねます。（一九九一年三月一三日、衆議院外務委員会）

日米安保は、日本が一方的にアメリカに守ってもらっているのではなく、日本が基地を提供することでアメリカも利益を得ているので、日本が「ただ乗り」しているという批判は当たらないと言っているのです。

アメリカは日米安保条約によって日本を防衛する義務を負っていますが、そのためだけに日本に米軍を駐留させているのではありません。むしろ、第一の目的は、日本の防衛以外にあります。

そのことは、たとえば、一九六八年一二月六日にアメリカ国防総省が作成した極秘文書「日本と沖縄の米軍基地・部隊」（アメリカの民間機関「ナショナルセキュリティ・アーカイブ」が情報自由法に基づいて入手し公開）に、「（日本に）日本防衛のための基地は一つもない。いくつかの部隊が副次的に、そのような任務を持っているだけだ」と記されていることにも示されています。

また、一九九三年から一九九五年まで陸上自衛隊トップの陸上幕僚長を務めた冨澤（とみざわ）暉（ひかる）氏も、「在日米軍基地は日本防衛のためにあるのではなく、アメリカ中心の世界秩序の維持存続のためにある」と記しています（公益社団法人「安全保障懇話会」の二〇〇九年七月の会報）。

冨澤氏が指摘した通り、アメリカが日本に基地を置く最大の目的は、アメリカ自身の世界戦略のためにその基地を活用するためであり、日本防衛というのはあくまで副次的なものなのです。

実際、在日米軍基地は、朝鮮戦争、ベトナム戦争、湾岸戦争、アフガン戦争、イラク戦争とアメリカが第二次世界大戦後にアジアや中東で行った軍事行動のほとんどで出撃拠点や兵站拠点として使われてきました。

一九九一年の特別協定を結んだ時のアメリカ国防長官、ディック・チェイニー氏も「米軍が日本にいるのは、日本を防衛するためではない。米軍にとって日本駐留の利点は、必要とあれば常に出撃できる前方基地として使用できることである。しかも日本は米軍駐留経費の七五％を負担してくれる。極東に駐留する米海軍は、米国本土から出撃するより安いコストで配備されている」と発言しています（一九九二年三月五日、米下院軍事委員会）。

このように、日本に基地を置くことでアメリカも大きな利益を得ているのです。ですから、「安保ただ乗り論」は事実ではなく、アメリカが日本に負担増を要求し、日本政府がその要求をのむ際に、その理由を説明するための「方便」として使われてきたと言えるでしょう。

「守り合える関係」になっても増額された駐留経費

二〇一五年九月に成立した安保関連法で、日本は集団的自衛権の行使を一部解禁しました。政府が「存立危機事態」と認定すれば、日本が直接武力攻撃を受けていなくても、同盟国であるアメリカが武力攻撃を受けた場合に武力を行使できるようにしたのです。それ以外にも、平時から、日本周辺の公海上で米軍の艦船や航空機を自衛隊が防護できるようにしました。安倍晋三首相は「日米を互いに守り合う関係に高めた」と話し、その成果を強調しました。

二〇一五年はちょうど、米軍駐留経費負担の特別協定を更新するための交渉が行われた年でした。

交渉がスタートした当初、日本政府は安保関連法で日本の軍事的な分担が拡大することを踏まえて、駐留経費負担の減額をアメリカ側に打診しました。しかし、アメリカ側は首を縦に振らないどころか、最新鋭のイージス艦を日本に追加配備することなどを理由に、逆に三割の増額を要求してきたといいます。

結局、日米両政府は二〇一六年一月二二日、二〇二〇年度までの五年間で総額九四六五億円の思いやり予算を日本が負担する特別協定に署名しました。この金額は、二〇一一年から二〇一五年度までの総額を一三三億円上回っています。

アメリカは、安保関連法によって日本の軍事的な分担が拡大することとは関係なく、「既得権益」である思いやり予算を何としても確保しようとしたのです。

このことからも、「日米安保の片務性」とか「安保ただ乗り論」が、日本の破格の駐留経費負担を正当化する「方便」として使われてきただけだとわかります。

第五章

国連ＰＫＯ地位協定

日本は特権を享受するだけで責任を果たさなくてよいのか

日本が関係する地位協定には、もう一つ、国連平和維持活動（ＰＫＯ Peacekeeping Operations）の地位協定があります。

日本は一九九二年にカンボジアのＰＫＯに初めて自衛隊を派遣して以降、モザンビーク（一九九三年～）、ゴラン高原（一九九六年～）、東ティモール（一九九九年～）、スーダン（二〇〇八年～）、ハイチ（二〇一〇年～）、南スーダン（二〇一一年～）など計一四の国連ＰＫＯに参加してきました。

部隊としては、施設部隊と輸送部隊を派遣し、後方支援活動を担ってきました。また、司令部要員、停戦監視要員、選挙監視要員なども送ってきました。これまでにＰＫＯに派遣した自衛隊員は、延べ一万人を超えています。

みなさんは、これらの自衛隊員が海外の地で、どのような法的地位の下で活動しているかご存じでしょうか？

国連ＰＫＯで活動する要員の法的地位を定めているのは、日本ではほとんど注目されず、ニュースにも出てくることがない国連地位協定（以下、「ＰＫＯ地位協定」）です。

これは、各国部隊を統括する国連がＰＫＯの受入国と締結します。

国連憲章第一〇五条は、一般的に国連の要員は「自己の任務を独立に遂行するために必要な特権及び免除を享有する」と定めています。その特権と免除について、ＰＫＯ受入国との間で具体的に決めているのがＰＫＯ地位協定です。

国際人道法遵守を明記したＰＫＯ地位協定の新条項

ＰＫＯ地位協定の内容は、日米地位協定と同じように、刑事・民事の裁判管轄権、武器の携行・使用、税金・関税、出入国手続き、自動車免許・車両登録、通信、現地人の雇用など多岐にわたっています。

これまでに一万人以上の自衛隊員を送り出しているにもかかわらず、日本ではなぜか、このＰＫＯ地位協定の内容はほとんど知られていないと言っても過言ではありません。

ＰＫＯ地位協定では、刑事裁判権については、公務中・公務外にかかわらず、ＰＫＯ要員には完全な免責特権が与えられます。これは、国連職員に対して外交官と同じような外交特権を認める「国連特権・免除条約」（一九四六年）にならっています。

一九九七年から、国連はＰＫＯ地位協定に、ある新しい条項を盛り込むようになりました。この条項は、国連ＰＫＯの性格が大きく変わったことを象徴的に表しています。

二〇一七年五月まで自衛隊も参加していた南スーダンPKO（UNMISS）の地位協定にも、この条項が入っています。

〈UNMISS地位協定　第六条一項〉

国連は、国連南スーダン派遣団（UNMISS）の軍事要員の行動に適用される国際条約の原則および規則を完全に遵守して、南スーダンにおける作戦を遂行することとする。これらの国際条約には、一九四九年採択のジュネーブ諸条約と一九七七年採択の同条約追加議定書、そして、一九五四年採択のユネスコ・武力紛争の際の文化財の保護に関する条約が含まれる。

一九四九年採択のジュネーブ諸条約と一九七七年採択の追加議定書は、「国際人道法」と呼ばれているものです。かつては、「戦時国際法」「武力紛争法」と呼ばれていました。戦時下における民間人の保護や捕虜の待遇などを定めた、いわば「戦争のルール」です。

国連は一九九七年から、PKO部隊はこの「戦争のルール」を完全に守って作戦を遂行すると地位協定に明記するようになったのです。これは、国連PKOの歴史の大きな転換点でした。なぜなら、これは国連PKO部隊が「武力紛争の当事者」になる可能性を認めたことを意味するからです。

国連ＰＫＯは、その名の通り、国連が紛争地域の平和の維持のために行う活動です。「平和維持」ですので、元々は、武力紛争または戦闘行為が終結していることが活動の前提となっていました。具体的には、和平合意が結ばれた後に、国連が停戦監視などを行うことで紛争の再発防止を図り、和平合意の実施を支援するのが伝統的なＰＫＯでした。紛争当事者が和平合意に署名していることが活動の前提ですので、ＰＫＯ部隊が「武力紛争の当事者」になることは想定されていませんでした。

ルワンダ大虐殺を契機に住民保護のため紛争に介入

それが変わる契機の一つとなったのが、一九九四年にアフリカのルワンダで起こった大虐殺です。

ルワンダでは一九九〇年から、最大民族のフツ族が中心の政府とツチ族が中心の反政府組織「ルワンダ愛国戦線（ＲＰＦ）」との間で内戦が勃発していましたが、一九九三年八月に両者の間で和平合意が結ばれました。それを受けて国連は、和平合意の実施を支援するために約二五〇〇人の軍事要員と六〇人の文民警察官を中心とするＰＫＯ部隊を派遣します。しかし、両者の対立は収まらず、治安はなかなか改善しませんでした。

そして、翌一九九四年四月に大統領が搭乗した航空機が撃墜されたのが引き金となって大虐殺が始まってしまいます。ＲＰＦがルワンダ全域を制圧して戦闘が終結するまでの約一〇〇日間に、人口の二割近い八〇万人以上が犠牲となりました。これだけの大虐殺が起こってしまったのです。

実は、大虐殺が始まる数カ月前、国連PKO部隊の司令官を務めていたロメオ・ダレール（当時のカナダ軍少将）の元に、フツ族民兵がツチ族の絶滅を計画しているとの情報がもたらされていました。ダレール氏はそれを止めるために、PKO部隊がフツ族民兵の武器貯蔵庫を制圧する緊急の計画を立案しましたが、国連本部は安保理決議で定められたPKOの任務を超えるとして許可しませんでした。

大虐殺の初期、PKOのベルギー軍兵士一〇人がルワンダ政府軍（大統領警護隊）に拘束され、惨殺される事件が起こります。この事件を受けてベルギー政府は、ルワンダから部隊を撤収させます。国連もPKOの前提となる和平合意が崩壊したと判断し、PKO部隊の大半を撤収させます。

PKOの司令官だったダレール氏は、カナダに帰国後、贖罪（しょくざい）意識とPTSDに苦しみ、アルコールとドラッグを用いて自殺未遂を起こします。国連にとっても、PKOが展開しながらジェノサイドを止めることができず、目の前で虐殺される人々を見放して撤収したという事実は、大きなトラウマになります。

このトラウマから生まれたのが、「保護する責任」という考え方です。「保護する責任」とは、ある国家が人々を保護する責任を果たせない場合は、国際社会が代わってその責任を果たさなければならないという考え方で、ダレール氏の母国であるカナダ政府が中心となって提唱しました。二〇〇五年には、国連首脳会合の成果文書にも盛り込まれ、国家が大虐殺や民族浄化など人道に対する罪から自国の国民を保護できない場合は、国連が安保理を通じて集団的行動をとる用意があることを確認しました。

こうした中で、ＰＫＯの性格も大きく変貌していきました。それまでのＰＫＯの主任務であった停戦監視など紛争の再発防止に加えて、「文民保護」という任務の優先度が高まったのです。そして、ルワンダ大虐殺の時のように停戦が破られたから撤収するのではなく、住民を攻撃する勢力がいた場合は、ＰＫＯ部隊が武力を行使してでもそれを排除し、住民を保護するべきだという考え方に変わっていきます。つまり、住民が攻撃されている時に「中立」であってはならず、ＰＫＯ部隊自身が「武力紛争の当事者」になってでも住民を守ることを、国連が決意したのです。

国連が一九九七年以降、ＰＫＯ地位協定にＰＫＯ部隊が「戦争のルール」である国際人道法を完全に遵守することを明記するようになったのも、そのためです。

ＰＫＯ部隊全体が「紛争当事者」になる可能性

さらに一九九九年には、国連のコフィー・アナン事務総長が、国連部隊に適用される国際人道法の基本原則および規則に関する告示を出します。これによって、平和維持活動を行うＰＫＯ要員も、戦闘員として武力紛争に関与し、武力行使する場合（自衛目的でも）には国際人道法が適用されることが、国連の一般原則となったのです。

このＰＫＯの性格の変化は、日本にとっても非常に大きな意味を持っていました。なぜなら、日本は憲法九条で、国際紛争における武力の行使を禁じているからです。ＰＫＯ法で「紛争当事者の間で停戦合意が成立していること」「紛争当事者がＰＫＯの活動に同意していること」「ＰＫＯが特定の紛争当事者に偏ることなく、中立的立場を厳守すること」などを自衛隊派遣の要件（ＰＫＯ参加五原則）としているのも、自衛隊が武力紛争に巻き込まれて、憲法が禁じる武力行使を行わないための担保です。ところが、現在の国連のＰＫＯは停戦が破られても撤収せず、時には、武力紛争に介入してでも住民を保護しなければならないとなっているのです。

南スーダンのＰＫＯも、二〇一三年一二月に内戦が勃発しても撤収せず、最優先の任務をそれまでの「国づくり支援」から「文民保護」に変更し、兵力も増強して活動を継続しました。二〇一五年八月に大統領と反政府勢力のトップである前副大統領の間で和平合意が結ばれ、いったんは両者による暫定統一政府が発足しましたが、二〇一六年七月に戦闘が再燃。国連安保理は、さらに四〇〇〇人規模の「地域防護部隊」の増派を決めました。

この「地域防護部隊」には、国連要員や民間人、空港などの重要施設を守るために「必要なあらゆる措置」をとる権限が付与され、国連要員や住民への攻撃が準備されているとの信頼できる情報がある場合は「先制攻撃」さえも認められています。

同じくアフリカのコンゴ民主共和国に展開しているＰＫＯでも、二〇一三年に、反政府ゲリラの無力化、武装解除を目的に先制攻撃が許される三〇〇〇人規模の「介入旅団」が設立され、同国政府軍と共同して掃討作戦を行いました。まさしく、ＰＫＯ部隊自体が「紛争当事者」となって作戦を遂行したのです。

問題は、ＰＫＯの中の一部の部隊が武装勢力との交戦状態に入った場合、その部隊だけが法的な意味での「紛争当事者」、つまり交戦主体になるのか、あるいはＰＫＯ部隊全体がそうなるのかということです。

二〇〇〇年七月、筆者（伊勢﨑）は東ティモールＰＫＯ（ＵＮＴＡＥＴ）の民政官として、インドネシアと国境を接するコバリマ県の行政を統括していました。この時、統括していたＰＫＯ部隊が東ティモールの独立に反対する民兵グループと遭遇して銃撃戦となり、コバリマ県の治安維持を担っていたニュージーランド軍の歩兵大隊に所属する兵士二人が殉職する事件が発生しました。

私たちはこれを契機に、この民兵グループを交戦主体、つまり「合法的に殲滅（せんめつ）できる主体」とみなし、前年に出されていた国連事務総長告示に従って、国際人道法を遵守しながら掃討作戦を行いました。

ニュージーランド軍歩兵大隊は、彼らを追い詰め、文字通り「殲滅」しました。「警察比例の原則」、つまり「犯人」の人権保護の観点からその武装に比例してこちらの攻撃力を行使し、犯人を逮捕して刑法で裁くという警察行動ではありません。一〇人に満たない軽武装の「敵」を、六〇〇人以上の歩兵大隊が武装ヘリ、装甲車を駆使して、全員射殺したのです。

インドネシアの圧政下から独立したばかりの東ティモールでしたので憲法も刑法もなく、暫定行政を担うPKOは、インドネシア統治時の刑法を一部修正・流用して日常を統制していました。国連文民警察は、これを根拠に警察権を行使していたのです。しかし、前記の事件で、現場は一瞬にして「平時」から国際人道法が支配する「戦時」へと変貌しました。

この時、同じく東ティモールPKOに参加しコバリマ県に展開していたパキスタン軍の工兵大隊が無縁だったかというと、そうではありません。「敵」である民兵たちにとっては、同じブルーヘルメットをかぶり、国連PKO司令部の指揮下にあることを示す国連章を右上腕に付けるパキスタン工兵部隊を、ニュージーランド歩兵部隊と区別する国際人道法上の義務はないのです。つまり、多国籍の全部隊が紛争当事者として「一体化」するのです。ちなみに、PKO部隊の左上腕には派遣国の国章が付けられています。

コンゴ民主共和国で「介入旅団」が設立された時も、この議論はありました。結論としては、実際に交戦しているのが介入旅団だけでも、ＰＫＯ司令部の統一した指揮の下で作戦を遂行しているので、ＰＫＯ部隊全体が紛争の当事者つまり交戦主体になるという解釈がなされています。「地域防護部隊」のある南スーダンでも、これはまったく同じです。

たとえば自衛隊だけヘルメットに「９（憲法第九条の９）」と書いておいても、「敵」にそれを識別する義務はないのです。識別義務があり、攻撃すると国際人道法違反になるのは赤十字のマークだけです。

「言葉の言い換え」でごまかしてきた日本政府

国連が「文民保護」のためにＰＫＯは交戦主体になることから逃げてはならないと言っている時に、交戦主体になることが憲法で禁じられている自衛隊がＰＫＯに参加すると、大きな矛盾が生じます。

この矛盾を覆い隠すために日本政府がやってきたことは、「言葉の言い換え」です。

日本政府は、自衛隊は国連（ＰＫＯ司令官）の「指図」は受けるが、「指揮」下には入らないと説明してきました。国連には各国部隊に対する作戦統制権はあるが、強制力を担保する命令不服従に対する懲戒権などがないので「指揮」ではない、指揮権はあくまで東京（日本政府）にあるというのです。

しかし、これは非常に恣意的なミスリードです。「指図」も「指揮」も、英語にすると同じ「command（コマンド）」なのです。

PKO司令部は、受入国と国連が結ぶPKO地位協定を担保に、各国部隊に対して「特権をやるから言うことを聞け」と指揮権を行使するのです。そして、その特権が引き起こす軍事的過失の説明責任を受入国に対して負うのは、国連です。

自衛隊も例外ではありません。作戦上の指揮権を握るのは、あくまで国連の統一コマンドです。自衛隊が行う「駆けつけ警護」も、そのコマンド下にあるのです。

自衛隊が参加しているのは、施設整備が任務の「PKO」であり「PKF（平和維持軍）」ではないというのも、まったく根拠のない主張です。

一つのPKOを、現場の人間は「ミッション」と呼びます。PKOミッションは、軍事部門であるPKFを中心に、大きく分けて四つの部門から成り立っています。

①PKF（国連平和維持軍 Peacekeeping Forces）
②国連軍事監視団
③国連文民警察
④民生部門

①ＰＫＦは、文字通り「部隊」です。主体は、戦闘を任務とする歩兵部隊。装甲車や戦車の機甲部隊がつくこともあります。加えて、どんなＰＫＯミッションにも必ずある工兵部隊。こちらは軍事作戦に必須の戦略道路網、通信等のインフラの構築やその維持が任務となります。歴代の自衛隊の施設部隊はＰＫＦの工兵部隊であり、現場では、ずっとその扱いでした。

そうでなかったら、いったい自衛隊は①から④のどこに入っていたのか、ということになります。自衛隊だけ、単独行動の「特殊ゲリラ部隊」でしょうか。

同じＰＫＯミッションの中でも、①のＰＫＦと②③④には決定的な違いがあります。ＰＫＦの単位は「国」、それ以外の部門は「個人」となっています。④の民生部門は当然ですが、現役の軍人・警察官で構成される国連軍事監視団と国連文民警察は「国連職員」として扱われます。つまり、個人として国連のペイロール（給与簿）に載り、給料が支払われるのです。

これに対してＰＫＦは、「部隊」としての参加になります。国連は各国部隊の派遣人員に応じて「償還金」を支払いますが、支払う先は個人ではなく各派遣国です。発展途上国にとっては、ＰＫＦは重要な外貨稼ぎの財源となってきました。発展途上国ではありませんが、日本政府にも、この「国連償還金」が支払われてきたのです。

ＰＫＦじゃなくＰＫＯ――これは、自衛隊の活動が憲法違反になるのを回避するための「言葉遊び」にすぎません。

もう一つの言葉の言い換えは、自衛隊は「武器の使用」はしても「武力行使」はしないという説明です。

日本のＰＫＯ法は、自衛隊員の危害射撃（相手の殺傷を目的とした射撃）を正当防衛・緊急避難の場合に限定しています。そして、自分や自分の管理下に入る者の生命や身体を守るために武器を使うことは「自己保存のための自然権的権利」であり、憲法九条が禁ずる「武力行使」には当たらない、と日本政府は解釈しています。

この場合、武器使用を行うのはあくまで「自衛官個人」であり、いわゆる「警察比例の原則」に基づき必要最小限の射撃しかできません。通常、軍隊の武力行使は、兵士個人ではなく部隊行動として行われ、敵の無力化・殲滅を目的とします。だから、自衛隊の「武器の使用」は「武力行使」とは異なるというのです。

しかし、実際に銃撃戦が始まってしまえば、「警察比例の原則」とか、どこまでが正当防衛・緊急避難かなど、ゆっくり考えている暇などありません。自衛官が、正当防衛・緊急避難の範囲を超えて過剰に射撃を行ってしまうことだって考えられるでしょう。ところが、日本政府は、自衛隊は事前に十分な訓練を行ってから派遣されるので、法律で認められた範囲を超えて武器の使用を行うことは考えにくいと説明しているのです。

さらに、仮に正当防衛・緊急避難を超える武器の使用を行ったとしても、「国際的な武力紛争の一環としての戦闘行為」でなければ、憲法が禁ずる「武力行使」にはならないとも説明しています。日本政府の定義によれば、「国際的な武力紛争」とは「国家又は国家に準ずる組織の間において生ずる武力を用いた争い」を意味します。つまり、相手が「国または国に準ずる組織」でなければ、どんなに武器を使っても「武力行使」にはならないというのです。

たとえば、南スーダンＰＫＯに自衛隊を派遣していた時、日本政府は反政府勢力（マシャール前副大統領派）を「国に準ずる組織」ではないと評価していました。だから、事実上の内戦状態で、国連は国際人道法が適用される武力紛争と認定しているにもかかわらず、日本政府は「南スーダンで武力紛争が発生したとは考えていない」と言い続けてきたのです。マシャール派が「国に準ずる組織」ではないとすると、自衛隊がマシャール派とどんなに激しい銃撃戦を行っても、憲法が禁ずる「武力行使」にはならないのです。「武力紛争」にも「武力行使」にもならないということは、国際人道法も適用されないということです。

しかし、これらは憲法との整合性をとるために日本政府が考え出した「言葉遊び」にすぎず、国際的にはまったく通用しない論理です。一九九九年の国連事務総長告示でも、自衛目的であってもＰＫＯの軍事要員が武器を使用する場合には国際人道法を遵守しなければならないとはっきりと述べています。

その証拠に、国連が南スーダン政府と締結している地位協定では、ＰＫＯ部隊は国際人道法を完全に遵守して作戦を遂行すると約束しているのです。実際に、自衛隊はこの地位協定に統制され、国際人道法に基づいて活動を行ってきたのです。

軍事的過失を裁くことができなければ外交問題に

それでは、もしＰＫＯに参加する自衛隊員が戦闘に巻き込まれ、正当防衛を超えて過剰に反撃し、周囲にいた民間人も巻き添えにして殺害してしまった場合、どうなるのでしょうか。

国際人道法では、軍事行動は軍事目標のみを対象にし、民間人を標的にしたり、無差別な攻撃を行うことを禁止しています。これに基づき、一九九九年の国連事務総長告示でも、ＰＫＯ部隊の武器使用に関して次のように定めています。


〈国連事務総長告示「国連部隊による国際人道法の遵守」　第五条　一般市民の保護〉

国連部隊は何時においても、一般市民と戦闘員、および、民間施設と軍事目標とを明確に識別するものとする。軍事作戦は、戦闘員と軍事目標のみを対象にするものとする。一般市民あるいは民間施設に対する攻撃は禁止される。
（中略）
国連部隊は、軍事目標と一般市民を無差別に攻撃する可能性が高い性質の作戦、および、一般市民の巻添えによる死亡、あるいは、期待される具体的かつ直接的な軍事的効果に比して過大な民間施設への損害をもたらしうると見られる作戦の遂行を禁じられる。

これらの規定は、国連が定めるＰＫＯの交戦規定にも明記されています。では、ＰＫＯの軍事要員がこのルールを破って軍事目標を明確に識別せず、無差別攻撃を行って一般市民を殺傷してしまった場合、どうなるのでしょうか。

まず、ＰＫＯ要員はＰＫＯ地位協定によって受入国の刑事裁判権から完全に免責されるので、受入国の刑法が適用されることはありません。しかし、ルールを破って一般市民を殺傷したＰＫＯ要員が無罪放免になったら、受入国の国民は納得しないでしょう。そのことで、現地住民のＰＫＯへの感情が悪化すれば、ミッション全体の任務の遂行にも悪影響を及ぼします。

そこで、国連は、ＰＫＯ要員が犯罪を犯したり国際人道法違反の行為をした場合は、その要員の派遣国が自国の法律に基づいて処罰することを求めています。一九九九年の国連事務総長告示でも、「国際人道法に違反した場合、国連部隊の軍事要員は、それぞれの国内裁判所で起訴の対象となる」（第四条）と定めています。具体的には、各国の軍法会議で裁かれることになります。

しかし、自衛隊には軍法も軍法会議も存在しません。日本の刑法で国外犯規定のある殺人罪の場合は、日本国内の裁判にかけることは可能ですが、業務上過失致死罪の場合は、日本の刑法は適用されません。そもそも、日本政府は自衛隊員がＰＫＯで国際人道法違反を犯すことを想定していないので、そのような法整備はいっさいなされていないのです。もし起きてしまった場合は、その隊員個人の〝故意犯〟としての起訴か懲戒など自衛隊内の行政処分で対応するしか手段がありません。

これは、最悪の場合、外交問題に発展するおそれもあります。

実際、かつてイラクで似たようなことが起こりました。二〇〇四年に発覚したアブグレイブ刑務所における捕虜虐待事件です。

イラクで米軍が拘留施設として使用していたアブグレイブ刑務所で、捕虜に対する著しい虐待が行われていたことが内部告発によって発覚します。男性捕虜を全裸にして人間ピラミッドをつくらせたり、捕虜の手と足に電極をつないで箱の上に立たせたり、軍用犬をけしかけたり、性的虐待を行ったりしていました。

この事件には、米軍兵士だけでなく、民間軍事会社の社員も通訳や尋問官として関与していました。虐待を行っていた米軍兵士は軍法会議にかけられ処罰されましたが、軍人ではない民間軍事会社の社員は軍法会議にかけることはできないため、処罰されませんでした。

海外で米軍とともに活動するコントラクターについては、アメリカ内で懲役一年以上に相当する罪を海外で犯した場合、二〇〇〇年に制定された「軍事域外管轄権法（ＭＥＪＡ）」によってアメリカ内の連邦裁判所で裁けるようになっていました。しかし、これはアメリカ国防総省に雇われたコントラクターに限られていました。アブグレイブ刑務所で虐待を行っていた民間軍事会社の社員らは、中央情報局（ＣＩＡ）など国防総省以外の連邦機関に雇われていたため、この法律も適用できなかったのです。

この「法の空白」を埋めるために、二〇〇四年一〇月にＭＥＪＡは改正され、米軍の作戦を支援するすべての連邦機関に雇われた軍属やコントラクターに適用されることになりました。

しかし現実には、イラクで罪を犯したコントラクターの要員が、ＭＥＪＡによって米本土の連邦裁判所で裁かれることはほとんどありませんでした。序章でも触れた、法改正から三年後の二〇〇七年にイラクで起こったある事件によって、そのことが表面化します。

二〇〇七年九月一六日、首都バグダッドのイスラム教スンニ派住民が多い地区を、駐イラク米大使館員の車列が猛スピードで進んでいました。その車列を護衛していたのは、米軍ではなく、重武装した民間軍事会社ブラックウォーター社の社員でした。

車列が同地区のヌスール広場にさしかかった時、一台の車が交通整理をしていたイラク警察の制止を無視して広場に入ってきました。ブラックウォーター社の社員たちは、その車に向かって一斉に銃を乱射。結果的に、車に乗っていた若いイラク人夫婦と子どもも含めて一七人の市民が犠牲となりました。

イラク政府はブラックウォーター社の社員たちをイラクの法廷で裁くように求めましたが、当時、多国籍軍の兵士だけでなくコントラクターの要員にも刑事免責特権を与える「CPA（連合国暫定当局）令第一七号改正」がまだ生きており、アメリカ政府はこれを盾にイラク側による起訴を認めませんでした。

ブラックウォーター社の社員たちは、国務省と契約していました。前述のようにアブグレイブ刑務所の捕虜虐待事件の後、MEJA法が改正され、米軍の活動を支援するあらゆる連邦機関と契約するコントラクターがこの法律の適用対象となりました。ところが、その後にイラクでコントラクター要員が起こした事件のほとんどすべてが不起訴とされていたことが明らかになります。

イラクの人々の積み重なった怒りが爆発し、この事件は外交問題に発展します。アメリカ側に裁判権放棄を求めて拒否されたイラク政府は、翌年に始まった米軍駐留延長のための地位協定交渉で、民間軍事会社要員の刑事裁判の免責特権剝奪を強く主張します。アメリカ側も駐留延長のために妥協せざるをえなくなり、二〇〇九年一月に発効した地位協定の下では、民間軍事会社の犯罪はイラクの法廷で裁かれることになりました。

ブラックウォーター事件後、アメリカ議会では、ＭＥＪＡ法の運用をより厳格にする改正案が可決されました。そして、同事件にかかわった元社員四人は、ＭＥＪＡ法により殺人や過失致死傷の疑いで起訴され、二〇一五年四月、ワシントンの連邦地裁は終身刑から禁錮三〇年の実刑判決を下しました。

このように、免責特権を与えられた外国軍隊の兵士やその関係者が犯罪を犯し、それが派遣国の裁判でも処罰されない場合、その国の人々や政府の怒りを呼び起こし、駐留そのものを揺るがす外交問題に発展しかねません。

それは、日本でも同じでしょう。

たとえば、沖縄で米軍基地を警備する米兵が一般市民に誤って発砲し、殺してしまったとしましょう。事件は「公務中」に起きたので、日米地位協定ではアメリカ側に第一次裁判権があり、日本側では米兵を裁判にかけることはできません。その代わり、アメリカの軍法会議で裁かれます。もしこれが、アメリカには軍法がなくて裁けません、と言われたらどうしますか？

これは、そういう話なのです。こうした日本とアメリカの関係を考えれば、軍法がない状態で海外に軍事組織を派遣するということがどれだけ無責任なことなのか想像できそうなものですが、なかなかそうした議論にはならないのが不思議で仕方がありません。

日本はこれまで、日米地位協定によって「被害」を受ける側でしたが、自衛隊が国連PKOで海外に出ていくようになった今、「加害」の側になる可能性もあるのです。しかも、外交問題に発展した時、それは受入国と日本との二国間の問題にとどまらず、PKOミッション全体に深刻な影響を与える可能性があります。

PKO部隊が文民保護のために「紛争当事者」になるかもしれない時代に、国際人道法違反を国内法廷で裁く法制度を確立していない国は、そもそもPKOに参加する資格はないのです。そのことに目をつぶったまま、PKOへの派遣を続けるのは、あまりにも国際法に対して無頓着、無責任だと言わざるをえません。

第六章

日米地位協定改定案

改定を実現するために何をすべきか

これまで、さまざまな角度から日米地位協定を他の地位協定と比較してきました。ここまで読んで下さった方には、日米地位協定や関連取り決めの下での日本の主権不在は世界の米軍駐留国の中でも突出していることを理解していただけたかと思います。

まとめると、在日米軍に対して通常の領域主権を行使できないということは、以下のような問題を引き起こしています。

①航空機事故や環境汚染など、在日米軍の行動に起因する国民の生命や財産に対する脅威を取り除くためにあるべき日本政府の能力を損なっている。

②米軍が在日米軍基地を使用して第三国で武力行使した場合、日本は日本の意思とは関係なく「紛争当事者」となり、報復攻撃を受ける危険性がある。

③領土問題の解決は安全保障環境の改善にとって重要だが、日本全土で米軍駐留の権利を認めている「全土基地方式」は、領土係争中の相手国との外交交渉の障害にもなる。

④国内で日米地位協定によって主権が損なわれていることに慣れてしまい、主権意識が麻痺（まひ）している日本人は、ひるがえって、自衛隊の海外派遣先で逆の立場、つまり日本が地位協定によって特権を享受し、その国の主権と人々の権利を脅かすかもしれない存在になっていることに鈍感になってしまっている。

それにしても、日本はなぜ、ここまで「主権」というものに鈍感になったのでしょうか。すでに述べたように、日米地位協定の条文の多くは、一九五二年に締結した行政協定の内容をそのまま引き継ぎました。つまり、日本がまだ占領下にあった時代に締結された行政協定の内容が、「主権回復」から約七〇年が経った今も、そのまま残っているのです。

日本と同様、第二次世界大戦で連合国に敗れたドイツやイタリアは、地位協定を改定することによって主権を取り戻していきました。かつてアメリカの植民地だったフィリピンや、朝鮮戦争休戦という「準戦時」の状態が続いている韓国も、地位協定の改定を重ねてきました。

しかし、日本では政府がずっと日米地位協定を「パンドラの箱」のように扱い、アメリカに改定を要求するのを避け続けてきたために、国民もこの「日米地位協定＝永続占領レジーム」に慣れ切ってしまっているように見えます。

しかし、地位協定は「パンドラの箱」などでは決してありません。日米地位協定を改定しなければ、本当の意味で日本の「戦後」は終わらないし、日本は一人前の「主権国家」にはなれません。主権がなければ、国民の生命・財産も平和も守れないのです。

日本人の多くは、日本は戦後、平和憲法の下で「平和国家」の道を歩んできたと思っています。政府もそう言い続けてきました。

しかし、日米安保条約と日米地位協定の下で、日本はアメリカの戦争から中立であるための国際法の要件（資金・物資等を提供しない。領内を軍事基地、移動経路として使わせない等）を何も満たしていません。「平和国家・日本」は、実は「アメリカの戦争の一部」として存在してきたのです。

主権なき偽りの「平和国家」から脱却し、「非戦の主権」を回復するためにも、日米地位協定の改定は避けては通れません。

筆者の日米地位協定改定案

私たち（伊勢﨑・布施）が必要だと考える日米地位協定の改定ポイントは以下のとおりです。

最大のポイントは、「駐留を認められた外国軍隊には特別の取り決めがない限り接受国の法令は適用されない」というこれまでの前提を改め、在日米軍にも原則として日本の法令を適用するということです。

また、基地の提供協定をはじめ合同委員会合意を原則公表とすることで透明性を高め、日米地位協定の運用を民主的統制の下に置きます。

【主権】

日米地位協定のすべての条文を日本の「主権」を基本にして書き換える。特に、「基地の管理、運用」に関する条項では、これを筆頭に明記する。こうすることで、（アメリカ自身がそう考えているように）地位協定上の特権を例外として必要最小に限定するという考え方が、すべての条項の基調となる。

【基地の提供】

アメリカ側に日本のどこにでも基地提供を求める権利（いわゆる「全土基地方式」）を与えている日米安全保障条約および日米地位協定上の条項を廃止する。米軍は、日本政府が提供した基地を、使用条件等を定めた提供協定に従って使用することができるとする。提供協定は公表する。返還する時はアメリカ側が原状復帰の義務を負う。

【基地（訓練空・海域を含む）の管理権】

基地の内外に関係なく、原則として日本の法令を適用し、艦船や航空機の基地への出入りや、物資・人員の持ち込みおよび通過は日本政府に事前に通告し、承認を得るものとする。政府や地方自治体は、適切な手続きをもって基地に立ち入ることができるようにする。

【訓練】

訓練は原則として提供施設・区域内に限り、訓練計画を事前に日本政府に提出し、承認を得るものとする。米軍の運用上の理由から提供施設・区域外で訓練を行う特別の必要性が生じた場合は、日本政府に実施の要請を行うことができる。日本政府はアメリカ側の要請を考慮するが、公共の安全に重大な影響があると判断した場合は要請を拒否することができる。訓練にも、自衛隊と同様、日本の法令が適用される。

【刑事裁判権】

日本側に第一次裁判権のある事案については、被疑者の身柄がアメリカ側にある場合でも、日本側でいつでも逮捕できるようにする。アメリカ側に被疑者の身柄を引き渡すのは、アメリカ側に第一次裁判権があることが確実な場合に限る。刑事裁判権条項の適用は、米軍人または米軍に直接雇用された軍属に限る。コントラクターには原則適用しない。

【互恵性】

訓練などでアメリカを一時的に訪問する自衛隊にも、日米地位協定と同様の地位と特権を与える。

【国外への戦闘作戦行動】

在日米軍を日本国外での戦闘作戦行動に派遣する場合は、直接発進する場合だけでなく、第三国を経由する場合も含めて、いかなる場合にも事前協議の対象とする。事前協議の結果、日本政府が同意しなければ、米軍は当該作戦に日本国内のいかなる施設・区域も使用することができないと明記する。

【日米合同委員会】

日米合同委員会の合意内容は原則公開とする。

これらの改定が実現すれば、日本の国のありようも、アメリカとの関係も大きく変わるでしょう。

自民党議員も改定を目指していた

これまでに、沖縄県や渉外知事会（米軍基地や関連施設がある主要一五都道府県で構成する組織）、日本弁護士連合会などが、日米地位協定の改定案をまとめて発表しています。この他に、野党が発表した改定案もあります（たとえば、民主党、社民党、国民新党の三党が二〇〇八年に合意した改定案）。

実は、与党自民党の議員有志が、日米地位協定の改定案をまとめたこともあります。自民党の議連「日米地位協定の改定を実現し、日米の真のパートナーシップを確立する会」が二〇〇三年にまとめた改定案です（巻末に改定部分の抜粋を収録）。これが、なかなか良い案になっています。

たとえば、訓練に関する条項を新たに設けて、①米軍の訓練は原則として提供施設・区域内で行うこと、②例外的にその外で行う場合には、日本政府との協定ないし同意を必要とし、日本の法令に従わなければならない――などと定めています。

このような条項が新設されれば、現在米軍が一方的に行っている低空飛行訓練などは、日本政府の関与によって減らすことが可能になるでしょう。

また、日本政府や地元自治体の米軍基地への立ち入り権限も明記。航空管制業務について、米軍ができるのは米軍飛行場の管制に限ると定め、横田ラプコンのような広大な空域の管制を否定しています。検疫については、日本の国内法を適用すると明記。米軍の航空機や船舶が事故を起こした場合は、日米で合同調査委員会を設置して調査するとしています。

これまで「原則として非公表」の取り扱いがなされてきた日米合同委員会の合意事項についても、「速やかに公開する」と明記するとともに、同委員会の中に基地のある地方自治体の代表者が参加する地域特別委員会を設置することを義務付けています。

この改定案をまとめる中心になったのが、「日米地位協定の改定を実現し、日米の真のパートナーシップを確立する会」の幹事長を務めていた河野太郎衆院議員です。

河野議員は当時、次のように述べて、日米安保体制を国民の理解を得て安定的に運用していくためにも、平時には日本の国内法を適用する方向で日米地位協定を改定するべきだと強調しました。

米軍が何か事件・事故を起こすと、即座に感情的に、反米的なことが広がります。これは何も日本に限ったことではなくて、韓国も同じことです。要するに、日米安保への理解が薄い中で、反米軍基地感情のようなものだけが広まってしまうと言うのは、日米安保体制にとって非常に良くないと思うのです。

それを解決する為に、一つは日米安保を理解してもらうということと、もう一つは問題になっていることがあれば早期に取り除いていかねばならないのだということです。そうすると、環境問題、横田基地等の航空管制問題、米軍あるいはその軍属家族が日本の法律にきちんと従っていない問題等に関して、日本国民に疑念をもたれるということはあまりいいことではないので、それをしっかり取り除いていく必要があるのです。

そのためにも、日米地位協定と係る問題をきちんと見直して、示す事です。つまり、戦争の準備や軍事行動に関しては特別に対処するべきでしょうが、しかし、「平時の生活をしている時には、米軍人は皆きちんと日本の法律に従ってもらいます」ということをちゃんとやらなければいけないと考えます。(二〇〇三年七月二三日に行われた同議連の下地幹郎会長との対談)

さらに河野氏は同対談で、日米地位協定で一番変えなければいけないのは、「透明性と説明責任」だと強調しています。

透明性とは、日米の合同委員会で話し合われた事柄が即座にオープンとされることであり、議事録が公開される事であると考えております。合同委員会が開催されたかどうかさえ分からないような、「議事録は一切公開しません」という事態はもう許されません。

更に、「日米でこう言うところは合意したけれども、こういうところにはこのような違いがあります」と、国民に対してちゃんと説明ができるようにはっきりさせる。これが対等な同盟関係を作るには一番大事なことだと私は思います。

つまり、国民の理解がなければ対等な同盟関係はつくれない、そのためにも、すべてブラックボックスの中で決める今の合同委員会のあり方を変えて、合同委員会の議事録は公開すべきだと言っているのです。

これから一四年後の二〇一七年、河野氏は外務大臣に就任しました。

国会で野党の議員から二〇〇三年の日米地位協定改定案について質問された河野氏は、「なかなか案としてはいい案なんではないかというふうに思っている」と答えました（二〇一八年三月二〇日、衆議院安全保障委員会）。

しかし、河野氏が外務大臣を務めた約二年の間に、日米地位協定の改定をアメリカに提起することは残念ながらありませんでした。

日米地位協定がＮＡＴＯ諸国の協定に比べて受入国側にとって不利な内容になっていることを明らかにした沖縄県の報告書についても、次のように冷たく突き放しました。

「ＮＡＴＯの加盟国の一員として加盟国間の相互防衛の義務を負っている国と、それと異なる義務を負っている日本との間で地位協定が異なるということは、当然にあり得ると思います」（二〇一八年一一月七日、参議院予算委員会）

「日本の地位協定の中であるいは日本の運用の中で認められていることが他国の地位協定の中あるいはその運用の中で認められていないということもございますので、一部を取り出して比較をすることには意味がないと思っております」（二〇一八年一一月一三日、衆議院安全保障委員会）

アメリカ政府による地位協定交渉の戦略とは

アメリカが同盟諸国と結ぶ地位協定の「改定」の歴史を振り返れば、まさに平時（または準戦時）の主権国家に外国軍隊が駐留するという「異常」な状況をアメリカ自身が認識するなかで、その「異常」が生み出す受入国の民衆のさまざまな反発に対処しながら、いかに米軍の特権を最大限確保しつつ前方展開戦略を維持するかという試行錯誤であったことがわかります。

ですから、米軍の駐留を強いるアメリカと受入国の関係の「安定」を希求するのはアメリカ自身であり、だからこそ単なる地位協定の「運用改善」ではなく、広く、透明性をもって現地社会の感情に訴えかけられるように、周知が及ぶ「改定」というかたちで示してきたのです。

二〇一五年に米国務省の国際安全保障諮問委員会が作成した「地位協定に関する報告書」でも、「アメリカは地位協定交渉で譲歩する能力を高めるべきだ」と強調しています。同報告書は、世界中の国々が国家の主権の問題に以前より敏感になっていることから、地位協定の交渉もアメリカにとって難しくなっていると指摘しています。

アメリカの海外展開の目的と同様、地位協定に対する外国の見方も変化してきた。伝統的な同盟国であれそれ以外であれ、国家の主権の問題にますます敏感になっている。アメリカへの依存と服従を認めることは多くの受入国にとってより困難になっている。アメリカの安全保障での支援と協力を純粋に評価する国々でさえ。受入国の公式で一般的な態度としては、主権を譲ること（たとえば刑事裁判権の免除、税や関税の免除、免許の要件で）は政治的に好ましくない。特に広範で複雑で非互恵的な協定においては。最近新たな目的のために駐留をしている国々ではなおさらだ。こうした要素は新たな国々との地位協定交渉を複雑にし、有益な関与その他の活動を遅らせている。（「地位協定に関する報告書」）

アメリカは世界中で約一〇〇カ国以上と地位協定を結んでいますが、日本、韓国、NATO諸国のような伝統的な同盟国でも、イラクやアフガニスタンのように新しく地位協定を結んだ国でも、国民は主権の問題に敏感になり、アメリカの安全保障への協力を評価している国々でも主権を譲ることは政治的に困難になっているというのです。

この報告書によると、アメリカ政府は二〇〇六年に「グローバル地位協定テンプレート」という地位協定の標準雛形(ひながた)を策定したといいます。報告書に添付されている同テンプレートを読むと、完全な刑事免責特権、旅券や査証なしでの入国、国内移動や訓練の自由、税金や関税の免除などを認めさせる、まさに米軍の特権を最大化する内容になっています。「互恵性」は考慮されていません。

報告書は、このテンプレートについて、「合意に達した場合、アメリカにとっては理想的」としつつも、実際に合意に達したのは「主権の問題に無頓着で、米軍の駐留に極めて熱心な」わずかな国しかないと記しています。地位協定交渉の経験者の一人は、このテンプレートを相手国に提示すると、大抵は「これ冗談でしょう(You have got to be kidding.)」という反応が返ってくると証言したそうです。

報告書は、「テンプレートの欠陥は、相手国の見解を考慮する必要のある厄介な現実を無視していることである」と指摘し、今後はこのテンプレートを一方的に押し付けるのではなく、それぞれの国の状況に合わせて柔軟に交渉することを勧告しています。

このように、当のアメリカ自身が「グローバル地位協定テンプレート」からどこまで譲歩できるかを真剣に議論しているのです。地位協定は、決して「パンドラの箱」ではないのです。

思想信条の違いを超えた国民運動を

改定を実現するために必要なのは、国民世論と国民運動です。ドイツ、イタリア、韓国、フィリピン、イラク、アフガニスタンでも、これが起因になっていることは、述べてきた通りです。国民世論と国民運動がなければ、アメリカ側の譲歩は引き出せませんし、日本政府は改定を要請すらしないでしょう。

日米地位協定改定が大きな国民世論・国民運動にならなかったのには、いくつか理由があると思います。

一つは、地位協定の問題が「沖縄問題」として捉えられてきたことです。

沖縄には米軍基地が集中しているため、米軍関係の事件・事故が多発しています。たとえば、二〇二〇年に発生した米軍関係者による刑法犯のうち、およそ六割が沖縄県で発生しています。航空機の墜落、不時着、部品落下などのトラブルも多く、日米地位協定の問題がクローズアップされる機会も必然的に多くなります。そのため、どうしても

「沖縄問題」として捉えがちです。

しかし、これまで見てきたように、日米地位協定は決して沖縄だけの問題ではなく、日本という国の主権の問題であり、政府が自国の国民の生命や安全に責任がとれるかということや、自国の未来を自己決定できるかということにかかわる国民全体の問題です。

二つ目の理由は、日米地位協定の改定を求めるイデオロギーを超えた国民運動が起こらなかったことです。

これまでは、日米同盟より国民の人権を優先させるべきと考える人が日米地位協定の改定を主張し、何よりも日米同盟を優先して考える人はどちらかというと日米地位協定の改定に消極的でした。

しかし、「国民の理解があってこその安全保障」という考えに立てば、日米地位協定の改定は、「日米同盟の安定」を重視する人たちにとっても避けることのできない課題であるはずです。また、北方領土問題など領土問題の解決にとっても不可欠です。

沖縄県知事として日米地位協定の抜本改定のために力を尽くした翁長雄志氏は、県議会で次のように語りました。

私は、保守対革新という古い思想から脱却し、ウチナーンチュとしてのアイデンティティーを持ち、未来を担う子や孫のために誇りある豊かさをつくり上げ、引き継いでいくことが重要であると考えております。

また、日本全体の安全保障の必要性を理解した上で、どうしても認められない不条理なものについては、問いただしていくことが沖縄の保守であると考えており、この考えは今も一貫しております。（二〇一六年七月六日、県議会定例会）

翁長氏は、自民党沖縄県連の幹事長を務めたこともある正真正銘の保守政治家です。県知事になってからも、「日米安全保障体制の必要性は理解している」と繰り返し発言していました。日米同盟の必要性は理解するが、日米地位協定はあまりにも不条理なので改定すべき、というのが翁長氏の考えでした。

そして、不条理なものを変えるために、保守対革新という古いイデオロギー対立から脱却し、「ウチナーンチュ（沖縄人）」という共通のアイデンティティーに立って県民が力を合わせることを呼びかけました。

日本全体でも、こうした発想が必要です。日米同盟に対する考えは違っていても、「日米地位協定の改定によって日本の主権を確立する」という一点で力を合わせることはできるはずです。

思想信条の違いを理由にして、それをやらないで得をするのは誰でしょうか？　アメリカです。日本の国民世論・国民運動が高まらなければ、日米地位協定の改定で譲歩する必要性も生まれないし、これまで通り占領時代に手に入れた特権を享受し続けられるのですから。はたして、それでよいのでしょうか？

現実的には、日米同盟は当面続いていくでしょう。そうであるならば、今の日米安保体制の中で日本の主権を確立し、自己決定権を高めていくということは、日米安保体制を将来も堅持していくべきだという立場の人にとっても、将来的には日米安保体制とは別の安全保障の道を選ぶべきだという立場の人にとっても、何ら矛盾しないはずです。

二〇一八年七月には、四七都道府県のすべての知事が参加する全国知事会が、日米地位協定の抜本的な見直しを求める提言書を全会一致で採択しました。日米安保体制を支持し、自民党の推薦を受けて当選した人も多い四七都道府県の知事が、日米地位協定は抜本的な見直しが必要だという認識で一致したことは、思想信条の違いを超えた国民運動が可能であることを示しています。これを貴重な「一里塚」として、運動をさらに大きくしていくことが求められています。

「日米安保神話」を乗り越えて

もう一つ、日米地位協定改定が大きな国民世論・国民運動にならなかった理由として挙げられるのが、「日米安保神話」とも言える日米同盟に対する大いなる誤解です。

現在も、「日本はアメリカに守ってもらっている」と考えている日本人が少なくありませんが、第四章でも述べた通り、これは事実ではありません。

確かに、第二次世界大戦後しばらくは、アメリカに依存していました。しかし、今や自衛隊は世界有数の能力を持つ実力組織に育ち、日本の防衛は基本的に自衛隊が担っています。

二〇〇〇年代に海上自衛隊の自衛艦隊司令官を務めた香田洋二氏は、日米同盟の性格について次のように述べています。


我が国は防衛任務を専ら自衛隊が担います。その任務から解放された在日米軍は、同盟により全世界に展開する米軍の中で、アメリカの世界戦略を唯一直接支える重要なツールとなっています。このことから、日米同盟に基づく在日米軍は、日本海から中東まで世界のホットスポットに米軍を展開させる際に不可欠な、重要拠点となっているのです。(『北朝鮮がアメリカと戦争する日─最大級の国難が日本を襲う』幻冬舎新書、二〇一七年)

香田氏が指摘する通り、現在日本の防衛は専ら自衛隊が担っており、米軍はアジアや中東の紛争地域にいつでも素早く展開できるように日本に基地を置いて駐留しているのです。よって、「日本はアメリカに守ってもらっている」というのは「大いなる誤解」

なのです。

米国務省諮問委員会が作成した「地位協定に関する報告書」では、米軍受入国が安全保障上の深刻な脅威を認識し、米軍駐留の必要性を強く感じていればいるほど、地位協定に関するアメリカの交渉力は高くなると指摘しています。

アメリカがこれまで、地位協定の改定には応じられないという強いスタンスを日本に対してとってこれたのは、日本国民の中に「日本はアメリカに守ってもらっている」という「大いなる誤解」があったからなのです。

実は、日米安保条約の改定交渉の中で、日本政府が行政協定の大幅な見直しをアメリカに打診したことがありました。外務省が各省庁から意見を集約し、それを五七項目の改定要求に整理して、一九五九年三月二〇日、藤山愛一郎外相がマッカーサー駐日大使にそのリストを手渡しました。

マッカーサー大使はそのリストをひと通り眺めた後、こう言って突き返しました。

「アメリカは新条約において、日本側の見合う義務なしに日本防衛の義務を引き受けるのだ。もし日本が行政協定で無理なことを持ち出せば、(アメリカの)上院でも、この交渉を止めると言い出す者が必ず出てくる」(外務省外交記録)

結局、行政協定の見直しは必要最小限にとどまり、実質的には、ほとんどそのまま日米地位協定に引き継がれたのでした。まさに、「日本を守ってあげるのだから、多少の特権は我慢しろ」という理屈で、アメリカは行政協定の大幅な見直しを拒否したのです。

しかし、それから半世紀の時を経て、日米安保条約の性格は大きく変わりました。アメリカは、日本防衛のためではなく、アメリカ自身の世界戦略の遂行のために米軍を日本に駐留させているという事実認識に立てば、アメリカに対して遠慮することなく主張すべきことは主張できるはずです。

繰り返しになりますが、日米地位協定の改定を実現するためには、国民の世論と運動を高めるしかありません。主権確立を求める国民多数の声を背景に、日本政府が覚悟を決めてアメリカ政府と交渉して初めて、扉は開かれます。

民主党、社民党、国民新党の三党が日米地位協定改定案に合意した翌年の二〇〇九年、総選挙で政権交代が実現し、この三党連立の鳩山(はとやま)由紀夫政権が発足しました。

鳩山政権は、日米地位協定の改定とともにアメリカ海兵隊普天間飛行場の県外・国外への移設も当初掲げていましたが、いずれもアメリカの高いハードルに阻まれて実現できませんでした。

政権をとっても実現できなかったのは、政府を後押しする国民世論と国民運動がなかったからです。これがなければ、アメリカは譲歩しません。

この失敗を教訓にして、日米地位協定の改定を実現し、当たり前の「主権国家」となるための思想信条の違いを超えた国民運動を、今こそ起こす時です。

伊勢﨑賢治からのメッセージ

アメリカの仮想敵国の真正面に位置する日本。加えて、アメリカ本土から最も離れたところで、その仮想敵国の進出を抑える防波堤となる「緩衝国家」日本。この日本を支配するにおいて、国内で「最も差別された地域」沖縄に、あえて駐留を集中させ、駐留が起因となる反米感情が、常にその地域に限定された「民族自決運動」になるように、その緩衝国家本土の「反米国民運動」に発展させない。これが誰かのグランドデザインだったら、あっぱれとしか言いようがない。

保守層へ。

軍事的な主権がない国を相手に、領土問題の交渉をしようという奇特な国があると思うか？

時には相手の立場に立って考えてみよ。

「緩衝国家」としての日本を意識せよ。

地域的なグリーバンス（不満）の歴史的な鬱積。たとえば沖縄。そういう地域的な不満は、そしてその運動は、どんなに権力が力で押さえ込もうと、消失することはない。絶対にない。これは歴史の事実だ。

そして分離独立運動に発展。そこに大国が干渉する。たとえば中国。国家の分裂。緩衝国家の末路だ。

その結果、戦場となるのは、アメリカではない。中国でもない。常に緩衝国家自身なのだ。

中国が、北朝鮮が、脅威でないとは言わない。しかし、アメリカ自身が勝てない敵をつくってしまった（対テロ戦）現在、そしてこれからの近未来、「アメリカの代わりに狙われる」脅威を直視せず、単なるヘイト（憎悪）で、安全保障を語るな。

愛国心を装って沖縄の運動を攻撃するのは止(や)めよ。それは、緩衝国家の安全保障にならない。

自国の兵士を――異国で彼・彼女が何をしようと――絶対に守り抜きたいアメリカが、属地主義が支配する平時において地位協定を締結するリスク感を理解せよ。たかが相手国（日本）の「安保ただ乗り」の見返りぐらいで、このリスクは冒さない。リスクはアメリカ自身のためだ。それを本書は証明した。

アメリカの掌(てのひら)の上での愛国心の発散は、もう止めよ。

リベラル層へ。

もう一度問う。主権なき平和は、日本の平和なのか。

日本は、憲法九条という〝独り言〟のほか、アメリカの戦争から中立であるための国際法上の要件を何も満たしていない。日本の平和は、アメリカの戦争なのだ。

米軍のオスプレイのことを心配するのは分かる。しかし、ジブチで自衛隊機が現地民を巻き込む公務中の事故の可能性も考えよ。

もし起こったら、米軍よりずっと、ずっと、ややこしいことになることを。

地位協定の被害国は、公務中の過失事故の裁判権を泣く泣く放棄する。加害国が、責任を持って裁くという前提があるからだ。当たり前だ。

加害国としての日本は、この前提を提供できないのだ。日本には、日本人の海外での事件を〝故意犯〟として裁く法体系しかない。この状態で他国と地位協定を締結する「非人道性」を日本の平和主義は理解していない。アメリカの加害者性は、日本より〝まし〟なのだ。

沖縄の米軍基地反対運動が、まず、これをしっかり見据えよ。沖縄の運動を「国民運動」にするために。

そして、アメリカの掌の上の平和主義に主権を取り戻すのだ。

あとがき

布施祐仁

自分の国の主権が大きく損なわれている現実に向き合うのは、本当にしんどい。

本書で見てきたように、アメリカと地位協定を結んでいる他の国々と比べても、日本の「主権放棄」ぶりは際立っている。ドイツもイタリアも韓国もフィリピンもアフガニスタンもイラクも、みんな主権を主張してアメリカと粘り強く交渉し譲歩を引き出してきたのに、なぜ日本だけはそれをしないのだろう。なぜ日本国民は、アメリカに対して主権を強く主張しようとしないのだろう。

日本人の主権意識が希薄になってしまった理由として、国の防衛をアメリカに委ねているからだと指摘する人がいる。確かにそういう面はあるだろう。いざという時はアメリカに守ってもらわないといけないのだから日米地位協定の特権ぐらいは仕方がないのでは、と漠然と考えている日本人はけっこういると思う。無意識のうちに、主権よりも平和を優先させているのである。

しかし、その平和は他者の犠牲の上に成り立っているカッコつきの平和である。第二次世界大戦に敗れて七〇年余、日本が直接戦火に見舞われることはなかったが、アメリカは日本の米軍基地を出撃・補給拠点としてアジア・中東地域で数々の戦争を行ってきたし、基地が集中する沖縄の人々は米軍による事件・事故の被害に苦しみ、決して平和とは言えない戦後を送ってきた。戦後日本の「平和国家」というアイデンティティーは、日本に米軍基地があることによるこうした犠牲についてあまりにも無頓着であった。これは、「いざという時はアメリカに守ってもらわないといけないから」の一言で軽く流していい話ではないはずだ。

それに、「主権よりも平和」でカッコつきの平和を守れる時代も終わりつつあるのではないか。

世界では、主権というキーワードが改めて注目されているという。テロをはじめグローバル化によるさまざまなひずみが噴出し、国家間の力関係も大きく変化して、世界は激動期に入っているように見える。激動の時代に変化に機敏に対応するには、自国のことを自ら決めることのできる主権が決定的に重要になってくる。

東アジアでも、中国が国力を強め、アメリカの力は相対的に低下している。この傾向は今後も続くだろう。そんな中、いつまでもアメリカにおんぶに抱っこでは、日本の平和はおぼつかない。この点では、アメリカの同盟国（NATO加盟国）でありながら、隣国ロシアと軍事的緊張をつくらない自主的な外交・安全保障によって領海問題を平和的に解決したノルウェーの経験に学びたい。同盟国＝一〇〇％同化・依存することでは、決してないのである。

今回、世界各地の紛争の現場で活動してこられた伊勢崎氏と一緒にこの本を著すことができたのは、私にとって非常に刺激的だった。一人前の「独立国」として国際社会で権利を主張し責任を果たすということがどういうことなのか、伊勢崎氏の「世界標準」からの問題提起は鋭くリアルであった。

伊勢崎氏は「まえがき」で、憲法九条をどうするかということについて私と必ずしも意見が一致しているわけではないと記している。たしかに、私は憲法九条の改憲に反対である。でも、いま進む道は違っても目指す方向はそれほど違わないと思っている。

伊勢崎氏は「新九条（改憲）論」が注目されているが、それには「日米地位協定の改定が大前提」と主張されていることが重要だと思う。その「改定」とは、「在日米軍基地が日本の施政下以外の他国、領域への武力行使に使われることの禁止」である。

実は、本書で提案する日米地位協定の改定ポイントを検討する際、伊勢崎氏は当初、同様の内容を主張していた。それに対して、私が「それをアメリカがのむことは一〇〇％ないだろうから、日本の領域外の作戦に使う場合は日本政府の了解を義務付けるようにしましょう」と提案したのである。

実際、アメリカが在日米軍基地の日本領域外への作戦使用を完全に禁止する地位協定改定に同意することはないだろう。本書でも述べたように、アメリカは第一義的にはそのためにこそ日本に米軍を駐留させているからだ。

しかし、伊勢崎氏の言うとおり、真の「非戦」を実現するには、これは避けては通れない道であるのは間違いない。

三年前の二〇一八年は明治維新一五〇周年であった。明治の時代も、外国人の治外法権を定めた不平等条約の改正が政治の大きなイシューであった。そして、日本は国民の団結によって、アジアで最も早く治外法権の撤廃を実現したのであった。

明治の不平等条約は締結から改正まで四〇年余かかったが、日米地位協定は締結からすでに六一年。抜本改正まであと何年かかるだろうか。それを成し遂げるのは、やはり日本国民の団結でしかない。国の独立と主権の問題に、右も左もないはずだ。

明治から昭和に至る歴史からナショナリズムの危うさも学びつつ、地位協定改定を追求していきたい。

文庫版あとがき

伊勢﨑賢治

本書の中で再三にわたって言及した国際人道法について、最近の僕の活動について述べたい。国際人道法の主軸は、一九四九年に締結されたジュネーブ諸条約である。

敵味方双方の交戦者が、交戦中におかしてはならない違反行為（いわゆる〝戦争犯罪〟）を定義し、国際社会が合意する歴史が、第二次世界大戦を経てここに築かれたわけだが、主な草稿者であった国際赤十字には、スペイン〝内戦〟が念頭にあった。国家対国家の構造を想定する国際武力紛争に加えて、「非国際武力紛争」も国際法に法治させたい意図があったのだ。

国家というのは、基本的に国際法に内政干渉されたくないものである。だから、そういう抵抗があっても、国際赤十字の努力でなんとか同条約に、伝統的な国際武力紛争と同じように法治されるべき非国際武力紛争を示唆する「共通第三条（the Common

Article 3)」の一文が加えられたのだ。

その後、世界の戦争はどんどん複雑化し、国際赤十字の思惑どおり古典的な戦争よりも内戦、非正規な武装組織が多くの民の命を奪う様相になっていく。そして一九七七年には、ジュネーブ諸条約への第一追加議定書が採択され、終戦直後では想定されなかった原発への攻撃など新たな禁止行為が追加されるとともに、第二追加議定書では非国際武力紛争における犠牲者（市民）の保護が厳命され、非正規な武装組織も同じように戦争犯罪が問われる対象になる。

一方で、そういう国際法が法治する非国際武力紛争と、各国が国の威信として刑法等に管轄させたい内乱や動乱は、どう区別するのかという議論が、その後、旧ユーゴやルワンダ、そして僕が国連ＰＫＯ要員として関わったシエラレオネの戦犯法廷で積み重ねられ、判例として確立されるようになる。

当初、非国際武力紛争では、まず国家の正規軍がいて、それが非正規な武力組織と戦っているという構図があった。しかし、僕が経験したシエラレオネ内戦のように、最後には、政権寄りと反政権の、双方が非正規な武力組織どうしの戦いに発展し、国家が存在しないも同然の状況でも、戦争犯罪が起訴された。戦っている者たちがある程度の武装集団で、地域を支配すれば、国際法を守るべき交戦者になる。つまり、戦争犯罪を問われる対象になる。

国際法を守るべき交戦者が、その規模の大小、保持する兵器の性能にかかわらず、国際法にとっての「戦力」であるから、この時点で、自衛隊を何と呼ぶかに明け暮れる日本の政局は、まったく意味を失っているのだ。

その後、一九九八年には国際刑事裁判所ローマ規程が採択され、ジェノサイド、集団虐殺など平時でも起こりうる「人道に対する罪」の定義が拡大した。

日本も批准するジュネーブ諸条約とローマ規程に共通するのは、「命令権者」を処罰する責任を、国家に求めることだ。ジュネーブ諸条約以前から、兵士個人の自由が極端に制限される国家の命令行動が起こす事犯では、まず上官の責任を問うことは軍隊の常識であるが、それを非正規な武装組織にも当てはめるようになったのだ。

現在、ルワンダ内戦の戦犯法廷で起訴され最高刑に処されているのは、軍の司令官とともに、ヘイトを煽（あお）った政治家や地元メディア会社の社長たちである。末端の実行犯の多くは、恩赦か懲役以外の社会的制裁に処されている。

もう一つ重要なのは、ジュネーブ諸条約やローマ規程などの国際法は、署名だけすればそれで済むわけではない。違反行為がその主権領域内で発生した時、それを立件し、裁きを下すために国内法を整備することは、批准した国家の責務である。特に、命令権者を裁く責任は、主権国家の義務として明確に謳（うた）われている（ジュネーブ諸条約第一条約第四九条）。

当たり前だ。前掲のような戦犯法廷や国際刑事裁判所などの国際司法が実働するのは、内戦直後など当該国家が崩壊状態で立件する能力がない場合、もしくは立件する能力はあるがその意思がない場合だ。人類はいまだに、地球上で起きる違反行為のすべてを断罪できる強力な国際司法を執行する仕組みを持ちあわせていないのだ。

日本と国際人道法との関係はどうか。

日本は、国際人道法が厳格に定義する「戦争犯罪」を起訴する法体系を持たない。こう言ったら、驚くだろうか。だが、これは真実である。

そもそもジュネーブ諸条約とローマ規程の「保護法益」とは、個人的な恨みや動機で行われる殺人・破壊ではなく、敵国とか民族とかの個人の「属性」を標的にする殺人・破壊行為から人間を守るものだ。そういう行為は必ず組織的な政治行為であり、それを扇動し、資金を提供し、実行犯の訓練を組織する首謀者がいる。だから、そういう命令権者を起訴・量刑の起点とする。刑法の保護法益とは次元が違う。国際人道法が定義する戦争犯罪は、殺人事件の集まりではないのだ。

二〇一九年九月のことだ。ある現役議員を通じて衆議院法制局にチームを作ってもらい、ジュネーブ諸条約と第一・第二追加議定書、国際刑事裁判所ローマ規程の国際法上の重大な違反行為を列記し、それに対して日本の現行法がどのように対応しているのかを比較する作業をはじめた。検証に数カ月をかけたが、結果、ほとんど何も対応していないことが判明した。

例えば、戦争犯罪として日本人にも分かりやすい、「軍事上の必要によって正当化されない不法かつ恣意的な財産の広範な破壊・徴発」（第一条約第五〇条等）、「(a)文民たる住民等を攻撃の対象とすること　(b)文民又は民用物に対する無差別攻撃　(d)無防備地区・非武装地帯を攻撃の対象とすること」（第一追加議定書第八五条三）がある。

それらに対して、日本の現行法がどう対応しているか？　「建造物等損壊（五年以下の懲役）、器物損壊（三年以下の懲役又は三〇万円以下の罰金・科料）、強盗（五年以上の有期懲役）、恐喝（一〇年以下の懲役）等」や「殺人、殺人未遂、傷害、傷害致死等」、すべて個別の財産権や身体等を保護するために、実行犯を中心に処罰する犯罪である。

日本の現行法、つまり刑法では正犯が一番悪い。手助けしたり教唆したりする人は共犯であり、正犯に従属する立場として処罰される「共謀共同正犯」となる。首謀者は、条文ではなく「解釈」で処罰される。これが刑法の限界であり、トップではなく下から順々に処罰していくのは、国際人道法の保護法益が求めるものとは真逆なのだ。

それでも、ジュネーブ諸条約が厳禁する戦争犯罪は、現行法で問えるという国会答弁等が一応ある。しかし、ローマ規程の方は、それさえもない。

繰り返すが、戦争犯罪、ジェノサイド、人道に対する罪では、必ず「首謀者」がいて、「実行犯」は捕まっても、彼らは巧みに逃げ通そうとする。だから立件には時間と労力がかかる。言うまでもなく実行犯の証言は最も有効である。だから「死人に口なし」にしない。こういう重大犯罪の再発防止を、「見せしめの処刑」にではなく、首謀者を頂点とする「構造の解明」に重点を置く場合、①首謀者の訴追、②公訴時効の廃止、③死刑制度の廃止は当然の帰着でもある。

日本が「親分と鉄砲玉」、つまり「臭い飯を食うのは実行犯」の世界から脱するのはいつの日か。そして、それは「地位協定」問題とどう関係するのか。

日本の刑法は「国外犯規定」によって自衛隊に限らず日本人の海外での業務上過失は管轄外となっていることは、本書で扱った。業務上過失を「想定外」にしたまま、それを「想定」して現地法からの訴追免除の特権を得る地位協定をジブチ政府と結び、自衛隊を駐留させている。

例えば、誤想防衛。正当防衛のつもりの誤射・誤爆。これは日本の現行法では管轄外であり、日・ジブチ地位協定は、紛れもない「詐欺」である。海外での業務上過失を管轄できるよう、即座に刑法を改定して、ジブチ政府に謝罪する外交措置は考えられる。

しかし、自衛隊員の「個人過失」以上の「軍事過失」の問題、つまり、命令権者の責任が問われる国際人道法が管轄する重大犯罪に対する日本の「無法」は、この「詐欺」を決定的にする。当たり前だ。ジブチ国軍にもあるはずの、「上官責任」という法理を有さない国が、まさかこの世界に存在するなんて誰が想像できようか。

この「無法」は、本書で主張する「互恵性」を基調とした日米地位協定の改定にも障害となる。互恵性とは、国際人道法に対して責任をもって自らの戦力を法治する国家どうしが、互いに同じ権利を認め合う「法的な対等性」である。軍事力は非対称であっても、法的には対等の関係である。一方の国Aが相手国Bに駐留して行うことは、BもAに駐留したときにできる。それは同時に、お互いに許さないことは、お互いができなくなる「自由なき駐留」でもある。

これが日米外交の俎上に上った際の交渉の場面を想像してほしい。僕がアメリカ側の交渉官だったら、日本政府をこう突き放す。

我が国では自衛隊に同じ権利を認めるわけにはいかない。「無法」を何とかして出直して来い。

前述の衆議院法制局との作業は、日本の現行法の体系に国際法が求める保護法益を導入するため、「国際刑事法典」として具体的な法案の作成へと発展した。その成立を見据えて、保守・リベラルの垣根を越えた超党派の現役議員の集まりもできている。

集ってくれた議員のほとんどは、既に本書を読んでくれていた。道のりは険しいが、着実に前進している。

巻末資料

「日米地位協定の改定を実現し、日米の真のパートナーシップを確立する会」（自民党の議連）が2003年にまとめた地位協定改定案（※主な改定箇所の抜粋）

【基地への立ち入りの保証】

《第4条（現3条）》

4(a)米軍の基地使用に対して基地内において日本国の利益を保護するために、日本当局が、日本国内の法令に基づいて、必要な措置を執ることができるように、米軍は保証する。必要な措置には、事前通知後の基地立ち入りも含まれる。ただし、その場合には軍事上の機密、とりわけ機密扱いの区域、設備及び文書の不可侵性を尊重しなければならない。

(b)緊急の場合、および危険が長引いている場合、通報のみで立入ることができる。

(c)日本当局には政府、県、市町村の統轄当局が含まれる。

【基地返還の際の原状回復】

《第5条（現4条）》

1(b)日本政府は、提供された施設・区域の返還の際、原状回復義務を負う。

4　米軍が使用している施設及び区域の返還にあたっては、事前に日米両政府共同調査を行わなければならない。調査の結果、環境汚染、環境破壊等が確認された場合、汚染除去、環境浄化作業計画の策定を行い、実施する。汚染除去・環境浄化作業計画に関し、米国政府は協力義務を負う。

【訓練等に関する原則】

《第7条（新設）》

1　合衆国軍隊による訓練、演習等の活動は、原則として提供施設又は区域内で行われなければならない。合衆国章隊はその際、日本国の環境法等の法令を最大限に尊重し、その影響を提供施設又は区域外に及ぼさないように努める。

(a)合衆国軍隊による訓練、演習等のもたらす環境等への影響調査を日米両国政府及び当該地方自治体、日米合同で3年毎に行うこととする。

(b)環境影響調査は日米両国の環境基準により、両者のうち、より厳しい方を採用するものとする。

(c)上記の調査結果が出た場合は、日米両国政府は環境改善プログラムを策定し、それに基づいて改善を実行する。

(d)基地内において米軍の新たな施設を建設する場合等には、合衆国政府（軍隊）は日本の法令を遵守し、環境アセスメントを実施する義務を負う。

2　合衆国軍隊による訓練、演習等の活動の場所が例外的に提供施設又は区域外に及ぶ場合には、日本国当局との協定、ないし個別の同意を必要とし、日本国法令に従わなければならない。

【航空管制業務】

《第8条（現6条）》

航空管制業務に関して、米軍は提供された基地の飛行場管制のみを行うものとする。

【出入国の際の検疫】

《第11条（現9条）》

人及び動植物の検疫に関しては日本の国内法を適用する。

【刑事事件被疑者の拘禁】

《第18条（現17条）》

5 (c)日本国が裁判権を行使すべき合衆国軍隊の構成員又は軍属たる被疑者の拘禁は、日本国により公訴が提起されるまでの間、日本国の当局が設置した日本国及び合衆国が共同して管理する拘禁施設において行う。

(d)日本国が裁判権を行使すべき合衆国軍隊の構成員又は軍属たる被告人の拘禁は、日本国により公訴が提起された後は、日本国が行なう。ただし、合衆国が日本国及び合衆国が共同して管理する拘禁施設における拘禁を要請した場合には、日本国はその要請に好意的考慮を払う。

【民事の請求権】

《第19条（現18条）》

6 日本国内における不法の作為又は不作為で公務執行中に行われたものでないものから生ずる合衆国軍隊の構成員若しくは被用者（日本国民である被用者を除く。以下、この項において同じ）又はそれらの家族に対する請求権は、日本国が5の(a)(b)(c)の規定に従って処理する。

(a)日本国が支払いをした各請求は、その明細並びに(b)(i)及び(ii)の規定による分担案とともに、合衆国の当局に通知しなければならない。２箇月以内に回答がなかったときは、その分担案は、受諾されたものとみなす。

(b)前記の請求を満たすために要した費用は、両当事国が次のとおり分担する。

(i)合衆国軍隊の構成員若しくは被用者又はそれらの家族のみが損害について責任を有する場合には、裁定され、合意され、又は裁判により決定された額の25パーセントを日本国が、その75パーセントを合衆国が分担する。

(ii)合衆国軍隊の構成員若しくは被用者又はそれらの家族及びそれ以外の者が損害について責任を有する場合には、裁定され、合意され、又は裁判により決定された額は、両当事国が均等に分担する。

(iii)5(e)(iii)の規定は、この項の分担の支払いについて準用する。

(c)この項の規定は、日本国のした支払いがその請求を完全に満たすものとして行われたものでない限り、前記の作為又は不作為により損害を受けたものが合衆国軍隊の構成員もしくは被用者又はそれらの家族に対する民事の訴え、その他の請求権の行使をすることを妨げるものではない。

【事故合同調査委員会】

《第26条（新設）》

1(a)米軍の航空機、船舶の事故に関しては合同調査委員会を設置し、調査を行なう。

(b)爆発等の基地内の事故で周辺住民に影響を及ぼしかねない事故に関しては合同調査委員会を設置し、調査報告を公表する。

【日米合同委員会】

《第28条（現25条）》

1(b)日米合同委員会の合意事項は速やかに公開する。

2(b)施設の返還または提供方法の変更等に、当該地方自治体に重大な影響を与える案件に関し、日米合同委員会の協議の際には当該地方自治体の意見を聴取するものとする。

(c)日米両国は合同委員会の中に基地を有する地方自治体代表者の参加する地域特別委員会を設ける。

集英社文庫

文庫増補版　主権なき平和国家　地位協定の国際比較からみる日本の姿

2021年10月25日　第1刷　　定価はカバーに表示してあります。

著　者　伊勢﨑賢治
　　　　布施祐仁

発行者　徳永　真

発行所　株式会社　集英社
東京都千代田区一ツ橋2-5-10　〒101-8050
電話　【編集部】03-3230-6095
　　　【読者係】03-3230-6080
　　　【販売部】03-3230-6393（書店専用）

印　刷　大日本印刷株式会社

製　本　大日本印刷株式会社

フォーマットデザイン　アリヤマデザインストア　　マークデザイン　居山浩二

ISBN978-4-08-744312-7 C0195